直前
1カ月で
受かる

英検®

改訂版

準2級の

ワークブック

KADOKAWA

Introduction

合格に向けて
「正しい対策」

　本書の執筆にあたっては、英検準2級合格に向けて「正しい対策」を伝えることを常に意識していました。特に、配点の高いライティングや、漠然とした対策しかできないと言われるスピーキングに関しては、どの問題集よりも丁寧に解説することを心がけました。この問題集で、英語が得意な生徒はさらに英語力を伸ばせると思いますし、逆に苦手な生徒でも英検準2級に合格するために必要なポイントを効率よくおさえられるようになっています。

　英検3級は合格したものの準2級はなかなか合格できないという声もありますが、きちんと対策すれば必ず合格につながります。毎日コツコツ頑張っていきましょう！

この問題集にはいろいろなこだわりが詰まっていますが、ライティングやスピーキングの解答例には特にこだわりました。英検準2級の受験生が実際に書くことができる、話すことができる解答を載せています。「模範解答が難しすぎて自分では書けない、話せない」という状態をできる限りゼロに近づけたいと思っています。

　試験当日にこの問題集を「お守り」代わりに持っていけるくらい使い込んでもらえたらうれしいです。Good luck！

Contents

Chapter **1**

書

Writing

Chapter **2**

話

Speaking

＊本書は2020年10月に小社より刊行された『直前1カ月で受かる 英検準2級のワークブック』を改訂し、再編集したものです。
＊本書の内容は2023年12月時点での情報に基づいています。

本書の特長と使い方

本書では英検準2級で実際に出題された過去問題を4つの技能すべてにわたって丁寧に解説しています。一問一問を丁寧に解くことで受験の直前1カ月に取り組んでも間に合う内容になっています。早速今日から取り組んでみましょう。

（※）本書の問題部分の（　）には英検の出題年度・回を示しています。

■ ポイント解説

> 大問ごとに出題と解き方の **Point** を提示。
> **Point** を知ることで、効率よく攻略できます。

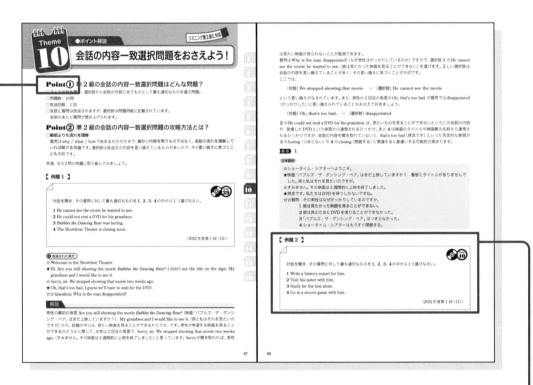

> ポイントを理解したあとは実際の問題で演習しましょう。
> リスニングとスピーキングには音声も付いています。
> ネイティブスピーカーによる本番さながらの
> 音声で、聞く力も鍛えられます。

■ トレーニング問題

//

実際の過去問題から精選された問題を使って演習しましょう。

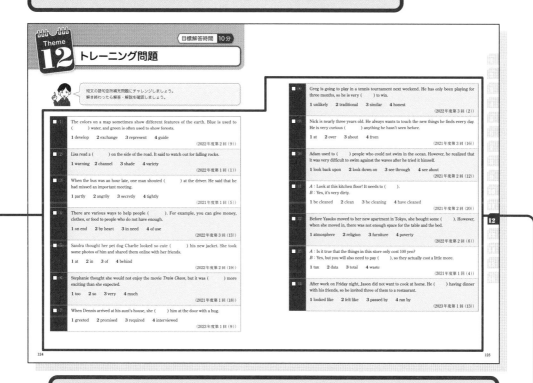

問題形式に慣れるだけでなく、語彙力等、総合的な英語力が身につきます。

音声ダウンロードについて

● リスニングおよびスピーキングの音声ファイルは、以下からダウンロードして聞くことができます。

https://www.kadokawa.co.jp/product/322306000269

ID workbook-p2　**パスワード** jun-2-2

● ダウンロードはパソコンからのみとなります。携帯電話・スマートフォンからはダウンロードできません。

● 音声はmp3形式で保存されています。お聴きいただくにはmp3ファイルを再生できる環境が必要です。

● ダウンロードページへのアクセスがうまくいかない場合は、お使いのブラウザが最新であるかどうかご確認ください。また、ダウンロードする前にパソコンに十分な空き容量があることをご確認ください。

● フォルダは圧縮されていますので、解凍したうえでご利用ください。

● 音声はパソコンでの再生を推奨します。一部ポータブルプレイヤーにデータを転送できない場合もございます。あらかじめご了承ください。

● なお、本サービスは予告なく終了する場合がございます。あらかじめご了承ください。

英検準2級の問題について（※1）

◯英検準2級は高校中級程度の内容が問われます。CEFRではA1〜A2レベル（基礎段階の言語使用者）に該当します。

◯問題に取り組む前に、準2級で問われる内容をおさえておきましょう。

一次試験

技能	出題内容	問題数	解答形式	試験時間
リーディング	**短文の語句空所補充** 短い英文や2人の会話文の空所に入る適切な語句を、文脈に応じて選ぶ問題。	20問 （※2）	●4つの選択肢から選ぶ形式（マーク式）	75分 （※4）
	会話文の空所補充 会話文を読み、それぞれの空所に入る適切な文や語句を補う問題。	5問 （※2）		
	長文の語句空所補充 パッセージ中の空所に入れるのに適切な語句を選ぶ問題。	5問 （※2）		
	長文の内容一致選択 Eメールや説明文などのパッセージの内容に関する質問に対して適切な選択肢を選ぶ問題。	7問 （※2）		
ライティング （※3）	**意見論述** 与えられた質問に対して意見とその理由などを英文で記述する問題。	1問	●記述式	
リスニング	**会話の応答文選択** 2人の会話を聞き、最後の発言に対する応答として最も適切な選択肢を選ぶ問題。	10問	●3つの選択肢から選ぶ形式（マーク式）。放送回数は1回	約25分
	会話の内容一致選択 2人の会話を聞き、会話の内容に合うものとして最も適切な選択肢を選ぶ問題。	10問	●4つの選択肢から選ぶ形式（マーク式）。放送回数は1回	
	文の内容一致選択 短いパッセージを聞き、内容に関する質問の答えとして最も適切な選択肢を選ぶ問題。	10問		

二次試験

技能	出題内容	問題数	解答形式	試験時間
スピーキング	**音読** カードに書かれているパッセージを音読する問題。	1問	●個人面接 ●1人の面接委員に対して答える形式	約6分
	パッセージについての質問 音読したパッセージの内容に関する質問に答える問題。	1問		
	イラストについての質問 イラストAに描かれている複数の人物の動作について説明する問題。	1問		
	イラストについての質問 イラストBに描かれている状況を説明する問題。	1問		
	受験者自身の意見など カードに書かれたトピックに関連した一般的な内容についての質問に答える問題。	1問		
	受験者自身の意見など 日常生活における身近な事柄についての質問に答える問題。	1問		

※1：こちらは2023年12月時点の情報です。最新情報は、日本英語検定協会のウェブサイト（https://www.eiken.or.jp/）でご確認ください。

※2：こちらに記載しているのは2023年度までの設問数です。2024年度よりリーディングの設問数は以下のように変更されると発表されています。

　　　・短文の語句空所補充：熟語・文法問題などを5問削減
　　　・長文の語句空所補充：3問削減（2023年度までの3Bに該当する部分）

　　　最新情報は必ず日本英語検定協会のウェブサイトで確認してください。

※3：2024年度から新しく「Eメール」問題が出題されることが発表されています。メールの文章を読み、与えられた条件にしたがって返信メールを英文で書く問題で1問の出題となります。こちらも最新情報は必ず日本英語検定協会のウェブサイトで確認してください。

※4：こちらに記載しているのは2023年度までの試験時間です。2024年度より80分に変更になると発表されています。

※英検S-CBTについて、問題形式や難易度は従来型の英検と同じですが、解答形式が異なります。コンピュータを用いて実施され、スピーキングテストは解答を録音する形式、リーディング・リスニングについてはコンピュータ画面上でマウス操作し解答する形式となります。ライティングは申込手続の際に「筆記型（パソコン画面で問題を読み、解答は解答用紙に手書きで行う）」、「タイピング型（パソコン画面で問題を読み、解答はキーボードで入力する）」のいずれかの解答形式を選択することができます。

英検®について

試 験 日 程

	一次試験	二次試験
第1回	5月下旬～6月中旬	7月上旬～7月中旬
第2回	9月下旬～10月中旬	11月上旬～11月下旬
第3回	1月中旬～2月上旬	2月中旬～3月上旬

※申込締め切りは一次試験のおよそ1カ月前です。

申 込 方 法

個人申込の場合
1. インターネット申込
   日本英語検定協会のウェブサイトから申込が可能です。
2. コンビニ申込
   コンビニ店頭の情報端末機から申込が可能です。
3. 特約書店申込
   願書付きのパンフレットを配布している書店で申込が可能です。

団体申込の場合
   学校や塾などで団体申込をする場合が多いので、学校や塾の先生にお問い合わせください。

検 定 料

	1級	準1級	2級	準2級
価 格	11,800円	9,800円	8,400円	7,900円

※いずれも本会場での正規検定料となります。なお、2024年度は検定料の変更が発表されています。詳細は日本英語検定協会のウェブサイトをご確認ください。

※このページの内容は2023年12月時点のものです。変更される場合もありますので、受験の際は日本英語検定協会のウェブサイトで最新の情報をご確認ください。
※英検S-CBTでは、申し込みはインターネットからのみとなります。検定料・試験日程は従来型の英検とは異なりますので、必ずウェブサイトでご確認ください。

Chapter
1

Writing

- ポイント解説
- トレーニング問題

意見論述問題をおさえよう！

Point① 準2級の意見論述問題はどんな問題？

○QUESTIONに対して自分の意見とその理由を書く問題。
○50～60語
○問題数：1問
○内容、構成、語彙、文法の4つの観点で、それぞれ4点満点（0～4点）、合計16点満点で評価されます。

Point② 準2級の意見論述問題の攻略方法とは？

まずは設問とQUESTIONを正しく理解することが大切です。
設問に書かれている大事なポイントは以下の2点です。

> 1. 意見と、その意見に対する理由を2つ書くこと
>
> 2. 語数の目安を50～60語にすること

次に、QUESTIONのパターンは主に2つです。

> 1. Yes or No で答える QUESTION
>
> 2. A or B でどちらかを選ぶ QUESTION

それぞれのQUESTIONの代表的な例を見てみましょう。

1. Yes or No で答える QUESTION

Do you think it is good for people to use smartphones while studying?（2022年第2回）
（人々が勉強中にスマートフォンを使うことは良いと思いますか）

2. A or B でどちらかを選ぶ QUESTION

Which do you think is better for people, borrowing books from libraries or buying books at stores?（2021年第2回）
（図書館から本を借りるのと書店で本を買うのとでは、どちらが人々にとって良いと思いますか）

ポイント解説では「**1. Yes or No で答える QUESTION**」を使いながら、意見とその理由を50～60語でまとめる方法を見ていき、「**2. A or B でどちらかを選ぶ QUESTION**」についてはトレーニング問題で解説します。

◎意見と理由を述べる「型」を理解しよう

英検の意見論述問題は「型」にあてはめて書いていくことがとても大切です。そして、準2級の意見論述問題は、基本的に次の6つの英文で構成します。

Key

準2級の意見論述問題の型

①意見
②理由1
③理由1のサポート文
④理由2
⑤理由2のサポート文
⑥まとめ

理由とそのサポート文はセットとして考えるので、②と③、④と⑤はセットということになります。この6つの英文から成る型はQUESTIONのタイプにかかわらず使えますので、しっかりとマスターしてください。

では上記の型を使って次の例題に取り組んでいきましょう。

●あなたは、外国人の知り合いから以下のQUESTIONをされました。
●QUESTIONについて、あなたの意見とその理由を2つ英文で書きなさい。
●語数の目安は50語〜60語です。
●解答がQUESTIONに対応していないと判断された場合は、0点と採点されることがあります。
　QUESTIONをよく読んでから答えてください。

QUESTION

Do you think it is good for people to use smartphones while studying?
（人々が勉強中にスマートフォンを使うことは良いと思いますか）

（2022年度第2回）

※実際の問題にはQUESTIONの日本語訳は含まれていません。

①意見　与えられたQUESTIONに対して自分の意見を表明する

ここでは自分の意見を表明します。質問ではfor people to use smartphones while studying（人々が勉強中にスマートフォンを使うこと）が良いかが問われているので、Yes / No、つまり賛成か反対かを選び、それを自分の意見としましょう。ここでは賛成の立場で書き進めます。**I think**で書き始め、QUESTIONの英文を一部利用して書きましょう。

> **I think it is good for people to use smartphones while studying.**
> （私は、人々が勉強中にスマートフォンを使用することは良いと思います）

下線部はQUESTIONの英文を一部利用していますが、①の意見はこれでOKです。次に②と③（理由1とそのサポート文）へと進みます。

②理由1　1つ目の理由を示す

理由を書くときに、「理由が思いつかない」と悩む受験生を見かけますが、理由を思いつくためのコツがあります。それは**理由を考えるための切り口を用意しておく**ことです。効率、時間、健康などの切り口を用意しておくと良いでしょう。

> 効率：Studying early in the morning is very efficient.（朝早くに勉強するのはとても効率的だ）
> →**We can study in a quiet time of the day.**（周りが静かな時間帯に勉強できるから）
>
> 時間：Shopping online saves a lot of time.（ネットで買い物するのは大いに時間の節約になる）
> →**We don't need to go to a store.**（お店に行く必要がないから）
>
> 健康：Using a smartphone is bad for our health.（スマートフォンを使うことは健康に悪い）
> →**It's bad for our eyes.**（目に悪いから）
>
> 費用：Wearing a school uniform saves money.（制服を着ることはお金の節約になる）
> →**We don't need to buy many clothes.**（服をたくさん買わなくて良いから）
>
> 環境：Using plastic bags is bad for the environment.（ビニール袋を使うことは環境に悪い）
> →**It increases the amount of waste.**（ごみが増えるから）
>
> 便利・不便：Paper maps are very useful.（紙の地図はとても便利だ）
> →**We can use them without the Internet.**（インターネットがなくても使えるから）

というような切り口を用意しておくとアイディアを思いつきやすくなります。

今回の問題では「効率」という切り口から「勉強中にスマートフォンを使うのが良い」理由とそのサポート文を考えていきましょう。

勉強中にスマートフォンを使うのが（効率が）良い理由は…

> スマートフォンを使って、必要な情報を素早く見つけられる
> ↓
> （すぐに調べられるので）より容易にその教科を理解できる

などが考えられます。「〜を使って」はwith 〜を使って

with smartphones（スマートフォンを使って）

としましょう。すると、

with smartphones, people can quickly find information they need

という英文ができます。

ではこの英文を、①の英文につなげてみましょう。**1つ目の理由なので、First,（第一に）という副詞を文頭に置いてつなげます。**Firstの直後にはカンマ（,）を入れましょう。

> **I think it is good for people to use smartphones while studying. First, with smartphones, people can quickly find information they need.**
> （私は、人々が勉強中にスマートフォンを使用することは良いと思います。まず、スマートフォンを使用することで、人々は必要な情報を素早く見つけられます）

③理由1のサポート文　　理由を掘り下げたサポート文

③は②に関連する内容で、②の具体例や、②の内容をより深めるものなどを書きます。今回の場合、②は「スマートフォンを使って、必要な情報を素早く見つけられる」ということなので、③では**「その結果どうなるか」**を書いてみましょう。シンプルに、「（その結果）彼らが教科を理解するのに役立つ（help them understand a subject）」とします。

②と③は一貫性を持たせ、うまく連続するように書かなければいけません。その際のコツは、前文の内容を受ける**thisなどの代名詞を使う**ことです。そうすることで、前文の内容との一貫性、連続性を持たせることができます。

今回の③はthisを主語にして、

This helps them understand a subject more easily.
（これは彼らが教科をより容易に理解するのに役立つ）

とします。thisの内容は前文のwith smartphones, people can quickly find information they needです。ちなみに、thisを主語にして書くのを難しく感じる場合は、人を主語にして

So, they can understand a subject more easily.
（そして、彼らは教科をより容易に理解することができる）

とするのも良いですね。ここで、①〜③までが完成しました。

> **I think it is good for people to use smartphones while studying. First, with smartphones, people can quickly find information they need. This helps them understand a subject more easily.**
> （私は、人々が勉強中にスマートフォンを使用することは良いと思います。まず、スマートフォンを使用することで、人々は必要な情報を素早く見つけられます。これは教科をより容易に理解するのに役立ちます）

④理由2　　2つ目の理由を示す

ここでは、②、③と同じことを繰り返します。2つ目の理由は「便利」という切り口で書いてみます。勉強中にスマートフォンを使うのが良い理由は、次のようにしてみます。

> スマートフォンは、人々がオンラインで動画をどこでも見るのを可能にする
> ↓
> 今では、勉強をより円滑にするのに役立つ動画がたくさんある

「Aが〜するのを可能にする」はallow A to doを使いましょう。すると、

smartphones allow people to watch videos for learning online anywhere

という英文ができます。この文は2つ目の理由なので、Second,（次に）という副詞を文頭に置いてつなげます。Secondの直後はカンマ（,）を入れましょう。

> **I think it is good for people to use smartphones while studying. First, with smartphones, people can quickly find information they need. This helps them understand a subject more easily. Second, smartphones allow people to watch videos for learning online anywhere.**
> （私は、人々が勉強中にスマートフォンを使用することは良いと思います。まず、スマートフォンを使用することで、人々は必要な情報を素早く見つけられます。これは教科をより容易に理解するのに役立ちます。次に、スマートフォンは人々がオンラインで動画をどこでも見ることを可能にします）

次に、理由2のサポート文を書きましょう。

⑤理由2のサポート文 　理由を掘り下げたサポート文

⑤は④に関連する内容で、④の具体例や、④の内容をより深めるものなどを書きます。④は「スマートフォンは、人々がオンラインで動画をどこでも見るのを可能にする」としたので、⑤ではその内容をさらに深めます。動画を見られることがなぜ勉強に良いのかについて掘り下げて、「今では、勉強をより円滑にするのに役立つ動画がたくさんある」とつなげます。

Now there are many videos that might help them study better.
（今では、彼らがよりよく勉強するのに役立つかもしれない動画がたくさんある）

とします。
ここで、①〜⑤までが完成しました。

> **I think it is good for people to use smartphones while studying. First, with smartphones, people can quickly find information they need. This helps them understand a subject more easily. Second, smartphones allow people to watch videos for learning online anywhere. Now there are many videos that might help them study better.**
> （私は、人々が勉強中にスマートフォンを使用することは良いと思います。まず、スマートフォンを使用することで、人々は必要な情報を素早く見つけられます。これは教科をより容易に理解するのに役立ちます。次に、スマートフォンは人々がオンラインで動画をどこでも見ることを可能にします。今では、彼らがよりよく勉強するのに役立つかもしれない動画がたくさんあります）

まとめは①の意見と同じ内容を書きます。今回の意見は、

I think it is good for people to use smartphones while studying.

ですから、これと同じ内容を書きますが、その際、①**とは違う表現**で書くことが**ポイント**です。違う表現を使って書くことで、英語力をアピールすることができます。ただし、難しく考える必要はありません。今回であれば、「人々は勉強にスマートフォンを使うべきだ」と書くだけでOKです。

people should use smartphones for studying

となります。まとめの文は、この文が「まとめ」であるとわかるように、文頭にTherefore,（それゆえ）を付けましょう。

> **Therefore, people should use smartphones for studying.**
> （それゆえ人々は勉強にスマートフォンを使うべきです）

が、まとめの文になります。ちなみに、**people**を**they**で表していない理由は、最後に意見をしっかり主張するためです。まとめではできる限り代名詞を避けることで、自分の意見をしっかり表現することができます。では、⑥のまとめの英文を最後に付けて完成です。

【 解答例 】

I think it is good for people to use smartphones while studying. First, with smartphones, people can quickly find information they need. This helps them understand a subject more easily. Second, smartphones allow people to watch videos for learning online anywhere. Now there are many videos that might help them study better. Therefore, people should use smartphones for studying.

(59 words)

日本語訳

私は、人々が勉強中にスマートフォンを使用することは良いと思います。まず、スマートフォンを使用することで、人々は必要な情報を素早く見つけられます。これは教科をより容易に理解するのに役立ちます。次に、スマートフォンは人々がオンラインで動画をどこでも見ることを可能にします。今では、彼らがよりよく勉強するのに役立つかもしれない動画がたくさんあります。それゆえ、人々は勉強のためにスマートフォンを使用すべきです。

英検準2級では、意見を書き、その理由を2つ書く必要がありますが、理由はあらかじめ切り口を用意しておき、文章は13ページにある「型」にはめながら書き進めていけば論理的な英文になります。

No の場合

「勉強中にスマートフォンを使うのは良くない」という観点で、①〜⑥の型にあてはめて書いてみましょう。

①意見

まず、①の意見ですが、これはQUESTIONの英文を利用して、

> **I don't think it is good for people to use smartphones while studying.**
> （私は、人々が勉強中にスマートフォンを使用することは良くないと思います）

でOKです。

②理由1

「効率」という切り口から、「勉強中にスマートフォンを使うのは良くない」理由を書きます。勉強中にスマートフォンを使うのは効率が良くない理由は、「勉強に集中できないから」としましょう。

　　concentrate on 〜（〜に集中する）

という表現を使って

　　they cannot concentrate on their studies（勉強に集中できない）

としましょう。これで①と②の英文ができましたが、②はFirst, を文頭に置くので、

> **I don't think it is good for people to use smartphones while studying. First, they cannot concentrate on their studies.**
> （私は、人々が勉強中にスマートフォンを使用することは良くないと思います。まず、勉強に集中できなくなります）

とします。

③理由1のサポート文

次に理由1のサポート文となる③ですが、③は前文の「集中できない」という内容をより具体的に書いて、「友達からのメッセージを受け取るかもしれない」と書いてみましょう。

　　receive（〜を受け取る）

を使って

　　They might receive messages from their friends.

としましょう。これで理由1とそのサポート文は完成です。

> **I don't think it is good for people to use smartphones while studying. First, they cannot concentrate on their studies. They might receive messages from their friends.**
> （私は、人々が勉強中にスマートフォンを使用することは良くないと思います。まず、勉強に集中できなくなります。友達からのメッセージを受け取るかもしれません）

④理由2

2つ目の理由は、「スマートフォンを使うことは健康に悪いから」としてみましょう。

using smartphones（スマートフォンを使うこと）／ **bad for health**（健康に悪い）

をそのまま使います。2つ目の理由なのでSecond,から始め、

> **Second, using smartphones is bad for health.**
> （次に、スマートフォンの使用は健康に悪いです）

となります。これで理由2は完成です。

⑤理由2のサポート文

次に⑤のサポート文ですが、具体的にどのように「スマートフォンは健康に悪いか」を考えます。例えば、「スマートフォンを長時間使うと、目に悪い」というのはどうでしょう。

spend A on doing（A（時間）を〜することに費やす）／ **harm**（〜を傷つける）

を使って書いてみます。

> **If people spend too much time using them, their eyes may be harmed.**
> （もし人々がそれらを使うことに時間を費やしすぎたら、彼らの目が傷つけられるかもしれません）

となります。ここでのthemは前文の「スマートフォン」を指しています。理由2のサポート文を直訳すると、「もし人々がそれら（スマートフォン）を使うことに時間を費やしすぎたら、彼らの目は傷つけられるかもしれない」ですが、「スマートフォンを長時間使うと、目に悪い」という内容を表しています。

⑥まとめ

最後に⑥のまとめですが、⑥は①の意見と同じ内容を別の表現で書きます。ここでは先ほどの賛成意見と同じように、「勉強にスマートフォンを使うべきではない」と書きます。⑥の英文の前には「まとめ」だということを示すTherefore,を置くので、

> **Therefore, people shouldn't use smartphones for studying.**
> したがって、人々は勉強のためにスマートフォンを使用すべきではありません。

となります。①〜⑥をすべてつなげると、次のようになります。

【 解答例 】

I don't think it is good for people to use smartphones while studying. First, they cannot concentrate on their studies. They might receive messages from their friends. Second, using smartphones is bad for health. If people spend too much time using them, their eyes may be harmed. Therefore, people shouldn't use smartphones for studying.　　　　（54 words）

私は、人々が勉強中にスマートフォンを使用することは良くないと思います。まず、勉強に集中できなくなります。友達からのメッセージを受け取るかもしれません。次に、スマートフォンの使用は健康に悪いです。もし人々がそれらを使うことに時間を費やしすぎたら、彼らの目が傷つけられるかもしれません。したがって、人々は勉強のためにスマートフォンを使用すべきではありません。

Tips

意見論述問題の練習をするときは賛成の立場だけではなく、反対の立場でも書きましょう。理由を考える訓練になるのでおすすめです。また、意見とその理由2つを①～⑥の型に入れれば、しっかりと点が取れる意見論述になるので、型を意識しながら書く練習をしましょう。

vocabulary

□ **quickly**「素早く」

□ **understand**「～を理解する」

□ **easily**「容易に」

□ **anywhere**「どこでも」

□ **receive**「～を受け取る」

□ **harm**「～を傷つける」

□ **help O** *do*「Oが～するのに役立つ」

□ **subject**「教科」

□ **allow O to** *do*「Oが～するのを可能にする」

□ **concentrate on ～**「～に集中する」

□ **spend A on** *doing*「A（時間）を～することに費やす」

目標解答時間 **5分**

トレーニング問題

Track **0**

12ページで説明した通り、英検準2級ライティングのQUESTIONの種類は、

1. Yes or No で答える QUESTION
2. A or B でどちらかを選ぶ QUESTION

の2つが主です。設問のタイプは違っても、①～⑥の型で英文を書き進めることに変わりはありません。これらに気をつけて4問のトレーニング問題に取り組んでみましょう。

解説を読み終わったら、同じ目標解答時間で、もう一方の立場でも書くようにしましょう。

トレーニング問題1

- あなたは、外国人の知り合いから以下のQUESTIONをされました。
- QUESTIONについて、あなたの意見とその<u>理由を2つ</u>英文で書きなさい。
- 語数の目安は50語～60語です。
- 解答は、解答用紙のB面にあるライティング解答欄に書きなさい。<u>なお、解答欄の外に書かれたものは採点されません。</u>（※1）
- 解答がQUESTIONに対応していないと判断された場合は、<u>0点と採点されることがあります。</u>QUESTIONをよく読んでから答えてください。

QUESTION
Do you think hospitals should be open on weekends?
（病院は週末も営業すべきだと思いますか（※2））

（2023年度第1回）

※1：本書には解答用紙は付属していません。
※2：実際の問題にはQUESTIONの日本語訳は含まれていません。

memo

QUESTIONがDo you thinkで始まり、*A or B*を含まない文になっているので、Yes / Noのどちらかの立場で答えます。ポイント解説で説明した以下の型に沿って書き進めます。

Key

準2級の意見論述問題の型

①意見
②理由1
③理由1のサポート文
④理由2
⑤理由2のサポート文
⑥まとめ

Yesの場合

①意見

QUESTIONの英文を利用して、I thinkで始め、自分の意見を述べましょう。

> **I think hospitals should be open on weekends.**
> (病院は週末も営業すべきだと思います)

①では下線部のようにQUESTIONの表現をそのまま使って構いません。

②理由1

今回は14ページにある「時間」や「便利」という切り口で理由を考えましょう。ここでは、平日に忙しい人を念頭に置き、「忙しい人は土日に病院に行きやすい」としましょう。

難易度を表すときには、**it is easy (difficult) for *A* to *do*** (Aにとって～することは簡単だ（難しい）) という型が大変便利です。今回は、週末と平日を比較して、週末の方が病院に行きやすいと述べたいので、**easier**（easyの比較級）を使いましょう。

> **First, it's easier for busy people to go to a hospital on Saturday or Sunday.**
> (まず、忙しい人は土日の方が病院に行きやすいです)

1つ目の理由なので、**文頭のFirst,** を忘れないようにしましょう。

③理由1のサポート文

次に、「忙しい人は土日に病院に行きやすい」の内容を掘り下げていきます。忙しい人は平日に病院に行く時間がとれないので、「平日は忙しすぎて受診できないかもしれない」と書きます。
「～すぎて…できない」は **too ～ to *do*** という型を使います。汎用性の高い表現なので、ぜひ覚えておきましょう。「受診する」は **see a doctor** です。したがって③は、

> **They may be too busy to see a doctor on weekdays.**
> （彼らは平日は忙しすぎて受診できないかもしれません）

となります。

④理由2

2つ目の理由ですが、「人々の不安が減る」という内容で書いてみます。人が病気になる可能性は、平日も週末も変わらないので、週末に病院が営業していると安心だからです。まず、理由2は「人々はいつでも病気になる可能性がある」と書いてみましょう。

```
「病気になる」       become sick
「～する可能性がある」can
「いつでも」         anytime
```

といった語句を使用します。
理由の2つ目なので、書き出しはSecond,で始めます。

> **Second, people can become sick anytime.**
> （次に、人々はいつでも病気になる可能性があります）

⑤理由2のサポート文

ここでは、④の内容を踏まえ「病院が週末に営業していると、人々の心配が減る」という内容がよいでしょう。
「心配が減る」は、*be* worried（心配する）にless（より～ない）を加えて *be* less worriedとします。

> **If hospitals are open on weekends too, people are less worried.**
> （もし、病院が週末も営業していれば、人々の心配は減るでしょう）

⑥まとめ

まとめは①の意見と同じ内容を別の表現で表します。
①はI think hospitals should be open on weekends. という文でしたが、should be openをshould accept patients（患者を受け入れるべき）という表現に言い換えてみます。まとめですのでTherefore,を使って、

> **Therefore, hospitals should accept patients on weekends.**
> （それゆえ、病院は、週末も患者を受け入れるべきです）

としましょう。

日本語訳

私は、病院は週末も営業すべきだと思います。まず、忙しい人は土日の方が病院に行きやすいです。彼らは平日は忙しすぎて受診できないかもしれません。次に、人々はいつでも病気になる可能性があります。もし、病院が週末も営業していれば、人々の心配は減るでしょう。それゆえ、病院は、週末も患者を受け入れるべきです。

vocabulary

□ **too ～ to** *do*「～すぎて…できない」　　　　□ **see a doctor**「受診する」

□ **become sick**「病気になる」　　　　　　　　□ *be* **worried**「心配する」

□ **accept**「～を受け入れる」　　　　　　　　□ **patient**「患者」

Noの場合

①意見

I don't thinkで書き始め、あとはQUESTIONの英文をそのまま使い、

> **I don't think hospitals should be open on weekends.**
> （病院は週末も営業すべきではないと思います）

とします。反対意見を書く場合は

I think hospitals should not be open 〜

とするのではなく、notは必ず前の方に持ってきて、

I don't think hospitals should be open 〜

としましょう。

②理由 1

今回は14ページにある「時間」という切り口で理由を考えましょう。「病院が週末も営業する」ということは「そこで働く人の自由な時間がなくなる」という切り口で理由を考え、「病院で働く人たちがより忙しくなる」としましょう。

> **First, people working for hospitals will be busier.**
> （まず、病院で働く人たちがより忙しくなります）

1つ目の理由なので、文頭のFirst,を忘れないようにしましょう。

③理由 1 のサポート文

ここでは、より忙しくなると、どのような結果につながるのか、具体的に説明してみます。忙しさは治療の質の低下につながるので、「そのため彼らは、良い治療を提供できなくなるかもしれない」という内容を書いてみましょう。この部分は**prevent**（妨げる）という動詞を使うとうまく書けます。preventは **prevent *A* from *do*ing**（Aが〜するのを妨げる）の形で使い、「**主語が原因でAが*do*ingの内容をすることができない**」ということを表します。伝えたい内容に合わせて、主語・A・*do*ingの部分を考えていきましょう。

主語は、前文の「より忙しくなる」という内容で、代名詞のthisで伝えることができます。
Aは、前文の「病院で働く人々」。ここも代名詞のthemで表せます。
*do*ingは、「良い治療を提供すること」、つまりgiving good careとします。

これらを合わせて、

> **This may prevent them from giving good care.**
> （そのため彼らは、良い治療を提供できなくなるかもしれません）

とします。mayは「〜かもしれない」という意味で、断定しすぎることを避けています。

2つ目の理由ですが、「費用（お金がかかる）」という切り口から書いてみます。まずは、「週末に病院を開くには多くの費用がかかる」と、抽象的な内容を書いてみましょう。

「〜するのに多くのお金がかかる」は、**it costs a lot to *do* 〜**で表せます。

it costs a lot to open hospitals on weekends

設問のopenは形容詞ですが、ここではopenを動詞として使っています。
理由の2つ目なので、書き出しはSecond,とし

> **Second, it costs a lot to open hospitals on weekends.**
> （次に、週末に病院を開くには多くの費用がかかります）

としましょう。

⑤理由2のサポート文

ここではなぜ多くの費用がかかるのかを具体的に説明するとよいでしょう。週末に病院を開くということは、病院には土日に働く人への支払いが発生する、ということです。⑤には、「病院は土日に働く人への支払いが難しい」と書いてみましょう。

ここでも賛成意見で紹介した**it is difficult (easy) for *A* to *do***（Aにとって〜するのは難しい（簡単だ））という型が使えます。今回は断定しすぎることを避けるためにit <u>may</u> be difficult for *A* to *do* 〜と、may（かもしれない）を使いましょう。

> **It may be difficult for <u>them</u> to pay for doctors and nurses to work on weekends.**
> （病院にとって、週末に働くように医師や看護師の給料を払うのは難しいかもしれません）

for themのthemは、直前のhospitalsを指しています。

⑥まとめ

まとめは①と同じ内容を別の表現で述べます。ここでは、意見文のI don't think hospitals should be open on weekends をhospitals should not open on weekendsと言い換えるのが一番簡単です。ここで使っているopenは動詞です。

まとめなのでThereforeを使って次のようにします。

> **Therefore, hospitals should not open on weekends.**
> （それゆえ、病院は週末に営業すべきではありません）

【 解答例 】

I don't think hospitals should be open on weekends. First, people working for hospitals will be busier. This may prevent them from giving good care. Second, it costs a lot to open hospitals on weekends. It may be difficult for them to pay for doctors and nurses to work on weekends. Therefore, hospitals should not open on weekends.

(58 words)

日本語訳

私は、病院は週末も営業すべきではないと思います。まず、病院で働く人たちがより忙しくなります。そのため彼らは、良い治療を提供できなくなるかもしれません。次に、週末に病院を開くには多くの費用がかかります。病院にとって、週末に働くように医師や看護師の給料を払うのは難しいかもしれません。それゆえ、病院は週末に営業すべきではありません。

vocabulary

□ **busy**「忙しい」

□ **care**「治療」

□ **prevent** *A* **from** *doing*「Aが〜することを妨げる」

□ **cost**「〜（お金）がかかる」

●あなたは、外国人の知り合いから以下のQUESTIONをされました。

●QUESTIONについて、あなたの意見とその理由を2つ英文で書きなさい。

●語数の目安は50語〜60語です。

●解答は、解答用紙のB面にあるライティング解答欄に書きなさい。なお、解答欄の外に書かれたものは採点されません。（※1）

●解答がQUESTIONに対応していないと判断された場合は、0点と採点されることがあります。QUESTIONをよく読んでから答えてください。

QUESTION

Do you think parents should take their children to museums?

（親は子どもを博物館に連れて行くべきだと思いますか（※2））

（2020年度第2回）

※1：本書には解答用紙は付属していません。
※2：実際の問題にはQUESTIONの日本語訳は含まれていません。

memo

解説

QUESTIONがDo you thinkで始まり、A or Bを含まない文になっているので、Yes / Noのどちらかの立場
で答えます。

Yesの場合

①意見

QUESTIONの英文を利用して、I thinkで始め、自分の意見を述べましょう。

> **I think parents should take their children to museums.**
> （親は子どもを博物館に連れて行くべきだと思います）

①では下線部のようにQUESTIONの表現をそのまま使って構いません。

②理由1

今回は「博物館は教育に良い」という内容で書いてみましょう。

> **First, museums are good for education.**
> （まず、博物館は教育に良いです）

③理由1のサポート文

理由1を掘り下げていきますが、ここでは「子どもは展示を見ることで多くのことを学ぶことができる」とし
ます。

> **Children can learn a lot by seeing the exhibitions.**
> （子どもは展示を見ることで多くのことを学ぶことができます）

④理由2

2つ目の理由は「費用」の切り口から考えてみましょう。「博物館に行くことはあまりお金がかからないから」
とします。

> **Second, visiting museums isn't expensive.**
> （次に、博物館に行くことはあまりお金がかかりません）

⑤理由2のサポート文

前文の「あまりお金がかからない」という内容を具体的に掘り下げて、「遊園地や動物園に行くよりも費用がか
からないことが多い」としましょう。

> **It often costs less than visiting amusement parks or zoos.**
> （それは遊園地や動物園に行くよりも費用がかからないことが多いです）

itはvisiting museums（博物館に行くこと）を指しています。costは「〜（お金）がかかる」という意味の表現で、less（より少ない）と組み合わせて、「お金がかからない」という内容を表しています。

⑥まとめ

⑥は①と同じ内容を別の表現で書きます。①はI think parents should take their children to museums. でしたので、①の「親は〜すべき」を⑥では「親が〜するのは良い」と書き換え、

> **Therefore, it is good for parents to take their children to museums.**
> （したがって、親が子どもを博物館に連れて行くことは良いです）

とします。

【 解答例 】

I think parents should take their children to museums. First, museums are good for education. Children can learn a lot by seeing the exhibitions. Second, visiting museums isn't expensive. It often costs less than visiting amusement parks or zoos. Therefore, it is good for parents to take their children to museums.

(51 words)

日本語訳

私は、親が子どもを博物館に連れて行くべきだと思います。まず、博物館は教育に良いです。子どもたちは展示を見ることで多くを学ぶことができます。次に、博物館に行くことはあまりお金がかかりません。それは遊園地や動物園に行くよりも費用がかからないことが多いです。したがって、親が子どもを博物館に連れて行くことは良いです。

---

vocabulary

☐ **take A to B**「AをBに連れて行く」
☐ **a lot**「たくさんのこと」
☐ **exhibition**「展示」
☐ **cost**「〜（お金）がかかる」
☐ **amusement park**「遊園地」

☐ **education**「教育」
☐ **by doing**「〜することによって」
☐ **expensive**「高価な、お金がかかる」
☐ **less**「より少ない」

Noの場合

①意見

I don't thinkで書き始め、あとはQUESTIONの英文をそのまま使い、

> **I don't think parents should take their children to museums.**
> （親は子どもを博物館に連れて行くべきではないと思います）

とします。

②理由1

「時間」という切り口から、「子どもを博物館に連れて行くのには時間がかかる」ということを書きましょう。

> **First, it often takes time for parents to take their children to museums.**
> （まず、親が子どもを博物館に連れて行くのには時間がかかることが多いです）

it takes 〜 for A to do（Aが…するのに〜（時間）がかかる）という表現を使っています。

③理由1のサポート文

前文の内容を受けて、さらに話を展開していきましょう。「忙しい親にとっては大変かもしれない」と続けましょう。前文の内容を受けるthisで英文を始めて、

> **This may be hard for busy parents.**
> （これは、忙しい親にとっては大変かもしれません）

とします。

④理由2

理由2では、「子どもは博物館の展示をあまり理解しないかもしれない」という内容を書いてみましょう。understand（〜を理解する）という単語を使います。

> **Second, children may not understand exhibitions in a museum very well.**
> （次に、子どもは博物館の展示をあまり理解しないかもしれません）

となります。

⑤理由2のサポート文

理由2の「子どもは博物館の展示をあまり理解しない」という内容を掘り下げます。「その代わりに、彼らは博物館からではなく本から学ぶべき」としましょう。

> **Instead they should learn from books, not museums.**
> (その代わりに、彼らは博物館からではなく本から学ぶべきです)

としましょう。

⑥まとめ

まとめは①と同じ内容を別の表現で述べます。「親は〜すべきではない」を「親が〜するのは良い考えではない」とすればよいので、

> **Therefore, it isn't a good idea for parents to take their children to museums.**
> (それゆえ、親が子どもを博物館に連れて行くのは良い考えではありません)

とします。

【 解答例 】

I don't think parents should take their children to museums. First, it often takes time for parents to take their children to museums. This may be hard for busy parents. Second, children may not understand exhibitions in a museum very well. Instead they should learn from books, not museums. Therefore, it isn't a good idea for parents to take their children to museums.

(63 words)

日本語訳

私は、親が子どもを博物館に連れて行くべきではないと思います。まず、親が子どもを博物館に連れて行くのには時間がかかることが多いです。これは、忙しい親にとっては大変かもしれません。次に、子どもたちは博物館の展示をあまり理解しないかもしれません。その代わりに、彼らは博物館からではなく本から学ぶべきです。したがって、親が子どもを博物館に連れて行くのは良い考えではありません。

vocabulary

□ **take**「〜（時間）がかかる」

□ **instead**「その代わりに」

□ **understand**「〜を理解する」

トレーニング問題 3

●あなたは、外国人の知り合いから以下のQUESTIONをされました。

●QUESTIONについて、あなたの意見とその理由を2つ英文で書きなさい。

●語数の目安は50語〜60語です。

●解答は、解答用紙のB面にあるライティング解答欄に書きなさい。なお、解答欄の外に書かれたものは採点されません。（※1）

●解答がQUESTIONに対応していないと判断された場合は、0点と採点されることがあります。QUESTIONをよく読んでから答えてください。

QUESTION

Do you think it is a good idea for people to have a car?

（人が車を持つのは良い考えだと思いますか（※2））

（2021年度第1回）

※1：本書には解答用紙は付属していません。
※2：実際の問題にはQUESTIONの日本語訳は含まれていません。

memo

Yesの場合

車を持つか持たないかは、どちらも一長一短があるので簡単には答えられないと思いますが、深く考えすぎないでどちらか1つを選び、①〜⑥の型に沿って意見と、理由を2つ考えます。

①意見

QUESTIONの一部を使い、「車を持つのは良い考えである」という意見を明示します。

> **I think that it is a good idea for people to have a car.**
> （私は人々が車を持つことは良い考えだと思います）

②理由1

「時間」という切り口から「車を持つと時間を節約できる」と書きます。
it saves time for *A* to *do*（Aが〜することは時間を節約する）を使って書きます。*A*の部分にはthem、*do*の部分にはhave a carが入ります。

> **First, it saves time for them to have a car.**
> （まず、車を持つと時間を節約できます）

③理由1のサポート文

時間が節約できる理由として「電車やバスを待つ必要がない」と書いてみましょう。
「〜する必要がない」はdon't have to *do* です。主語には、直前の文のpeopleを指すtheyを使います。

> **They don't have to wait for trains and buses.**
> （彼らは、電車やバスを待つ必要がありません）

④理由2

車を持っていると、混んでいる電車に乗る必要がなくなります。具体的な内容はサポート文に入れた方が流れが良くなるので、ここでは、そのことによって生じるメリット「ストレスが減る」と書きます。

> **Second, people have less stress.**
> 次に、ストレスが減ります）

⑤理由2のサポート文

車を持っているとなぜストレスが減るのかですが、その理由は「混んでいる電車に乗る必要がなくなるから」でしたね。
「混んでいる」は**crowded**という形容詞を使います。

> **They don't have to take crowded trains.**
> （混んでいる電車に乗る必要がありません）

⑥まとめ

①の I think that it is a good idea for people to have a car. を people should have a car と言い換えます。

> **Therefore, people should have a car.**
> （それゆえ、人々は車を持つべきです）

【 解答例 】

I think that it is a good idea for people to have a car. First, it saves time for them to have a car. They don't have to wait for trains and buses. Second, people have less stress. They don't have to take crowded trains. Therefore, people should have a car. (51 words)

日本語訳

私は人々が車を持つことは良い考えだと思います。まず、車を持つと時間を節約できます。彼らは、電車やバスを待つ必要がありません。次に、ストレスが減ります。混んでいる電車に乗る必要がありません。それゆえ、人々は車を持つべきです。

vocabulary

□ **save**「〜（時間など）を節約する」　　　　□ **don't have to** *do*「〜する必要がない」

□ **wait for** 〜「〜を待つ」　　　　　　　　□ **have less stress**「ストレスが減る」

□ **crowded**「混んでいる」

① 意見

QUESTION の一部を使い、「車を持つのは良い考えではない」という意見を明示します。

> **I don't think it is a good idea for people to have a car.**
> （私は車を持つことは良い考えだとは思いません）

② 理由 1

「環境」という切り口から、「車は環境に良くない」と書きます。

> **First, cars are bad for the environment.**
> （まず、車は環境に悪いです）

③ 理由 1 のサポート文

なぜ環境に良くないのか、その理由を具体的に説明しましょう。「車も運転すると二酸化炭素がたくさん出る」と書きます。

> **When people drive cars, they produce a lot of CO_2.**
> （車を運転すると二酸化炭素がたくさん出ます）

④ 理由 2

「費用」という観点から、「車を維持すると多くの費用がかかる」と書きます。

> **Second, it costs a lot to keep a car.**
> （次に、車を維持するには多くの費用がかかります）

⑤ 理由 2 のサポート文

なぜ多くの費用がかかるのか、具体的に説明します。車を維持している状況を想像すると、「ガソリン代」や「駐車代」にお金がかかります。駐車場は parking lot という英語がありますが、places to park（駐車するための場所）と書くことができれば十分です。

> **People have to pay for gasoline and places to park.**
> （ガソリン代や駐車場代を払わなければなりません）

⑥まとめ

①のI don't think it is a good idea for people to have a car.を people should not have a carと言い換えます。

> **Therefore, people should not have a car.**
> （それゆえ、人々は車を持つべきではありません）

【 解答例 】

I don't think it is a good idea for people to have a car. First, cars are bad for the environment. When people drive cars, they produce a lot of CO_2. Second, it costs a lot to keep a car. People have to pay for gasoline and places to park. Therefore, people should not have a car.　　　　(57 words)

日本語訳

私は車を持つことは良い考えだとは思いません。まず、車は環境に悪いです。車を運転すると二酸化炭素がたくさん出ます。次に、車を維持するには多くの費用がかかります。ガソリン代や駐車場代を払わなければなりません。それゆえ、人々は車を持つべきではありません。

vocabulary

- □ **environment**「環境」
- □ **produce**「～を生み出す」
- □ **gasoline**「ガソリン」
- □ **drive**「～を運転する」
- □ **CO₂**「二酸化炭素」
- □ **park**「（車を）駐車する」

●あなたは、外国人の知り合いから以下のQUESTIONをされました。

●QUESTIONについて、あなたの意見とその理由を2つ英文で書きなさい。

●語数の目安は50語〜60語です。

●解答は、解答用紙のB面にあるライティング解答欄に書きなさい。なお、解答欄の外に書かれたものは採点されません。(※1)

●解答がQUESTIONに対応していないと判断された場合は、0点と採点されることがあります。QUESTIONをよく読んでから答えてください。

QUESTION

Which do you think is better for people, borrowing books from libraries or buying books at stores?

(本を図書館から借りるのと書店で買うのとではどちらが人々にとって良いと思いますか(※2))

(2021年度第2回)

※1:本書には解答用紙は付属していません。
※2:実際の問題にはQUESTIONの日本語訳は含まれていません。

memo

解説

本を図書館から借りるか書店で買うかには、どちらも一長一短があるので簡単には答えられないと思いますが、深く考えすぎないでどちらか1つを選び、①～⑥の型に沿って意見と、理由を2つ考えます。

図書館から本を借りるのが良い場合

①意見

QUESTIONの一部を使い、「図書館から本を借りるのがより良い」という意見を明示します。

I think borrowing books from libraries is better for people than buying them.
（私は、本を買うよりも図書館から本を借りる方が人々にとって良いと思います）

②理由1

「費用」の切り口から、for free（無料で）という表現を使って「本を無料で読める」と書きます。

First, they can read the books for free.
（まず、無料で本を読むことができます）

③理由1のサポート文

前文の内容を受けて、「（無料で本を読めることによって）お金のことを考えずにたくさんの本を読める」とします。

This allows them to read many books without thinking about money.
（これによって、予算を気にすることなくたくさんの本を読むことができます）

④理由2

理由2は「本のための場所があまり必要ない」とします。

Second, people don't need much space for books.
（次に、本のための場所があまり必要ありません）

⑤理由2のサポート文

なぜ場所があまり必要ないのかについて、「読み終えたら図書館に返却できる」とします。

They can return them to the library when they finish them.
（本を読み終えたら図書館に返却できます）

⑥まとめ

①の borrowing 〜 is better for people を people should borrow 〜と書き換えます。

> **Therefore, people should borrow books from libraries.**
> (したがって、人々は図書館から本を借りるべきです)

【 解答例 】

I think borrowing books from libraries is better for people than buying them. First, they can read the books for free. This allows them to read many books without thinking about money. Second, people don't need much space for books. They can return them to the library when they finish them. Therefore, people should borrow books from libraries. (58 words)

日本語訳

私は、本を買うよりも図書館から本を借りる方が人々にとって良いと思います。まず、無料で本を読むことができます。これによって、予算を気にすることなくたくさんの本を読むことができます。次に、本のための場所があまり必要ありません。本を読み終えたら図書館に返却できます。したがって、人々は図書館から本を借りるべきです。

vocabulary

□ **borrow**「〜を借りる」

□ **allow A to do**「Aが〜するのを可能にする」

□ **return**「〜を返却する」

□ **for free**「無料で」

□ **without doing**「〜することなく」

書店で買うのが良い場合

①意見

QUESTIONの一部を使い、「書店で本を買うのがより良い」という意見を明示します。

> **I think buying books at stores is better for people than borrowing them from libraries.**
> （私は、図書館から本を借りるよりも書店で本を購入する方が人々にとって良いと思います）

②理由1

「便利」という切り口から、「本を買うといつでも読み直せる（だから便利）」と書きます。

> **First, if people buy a book, they can read it again anytime.**
> （まず、本を買うと、いつでも読み返せます）

③理由1のサポート文

even（～さえ）という表現を使って、「気に入った本を友達に読ませてあげることさえできる」という便利な点を付け加えます。let A do（Aに～させてあげる）という表現を使いましょう。

> **They can even let their friends read their favorite books.**
> （お気に入りの本を友達に読ませてあげることもできます）

④理由2

「本にメモを書き込むことができる」という内容を書きます。

> **Second, they can write notes in a book.**
> （次に、本にメモを書き込むことができます）

⑤理由2のサポート文

前文に出てきたnotesを受けてsuch notesとし、それによって理解が進むと付け加えます。

> **Such notes help them to understand the book better.**
> （そのようなメモは本をより良く理解するのに役立ちます）

①の buying ~ is better for people を people should buy ~ と書き換えます。

> **Therefore, people should buy books at stores.**
> （したがって、人々は書店で本を購入するべきです）

【 解答例 】

I think buying books at stores is better for people than borrowing them from libraries. First, if people buy a book, they can read it again anytime. They can even let their friends read their favorite books. Second, they can write notes in a book. Such notes help them to understand the book better. Therefore, people should buy books at stores. (61 words)

日本語訳

私は、図書館から本を借りるよりも書店で本を購入する方が人々にとって良いと思います。まず、本を買うと、いつでも読み返せます。お気に入りの本を友達に読ませてあげることもできます。次に、本にメモを書き込むことができます。そのようなメモは本をより良く理解するのに役立ちます。したがって、人々は書店で本を購入するべきです。

vocabulary

□ **anytime**「いつでも」

□ **let _A do_**「Aに〜させてあげる」

□ **even**「〜さえ」

□ **note**「メモ」

Theme 2 ●ポイント解説

Eメール問題をおさえよう！

Point① 準2級のEメール問題はどんな問題？

○与えられた80語程度のメールに対して40〜50語の返信内容を考える問題が1問出題されます。

○内容、語彙、文法の3つの観点で、それぞれ4点満点（0〜4点）、合計12点満点で評価されます。

Point② 準2級のEメール問題の攻略方法とは？

○ 1通目の内容をふまえて、与えられた条件に合う返信内容を考える

まずは、適切な返信内容を考えられるよう、1通目のメールの内容を把握しましょう。

また、準2級のEメール問題では、守らなければならない2つの条件があるので、その条件をおさえながら、返信の内容を組み立てていきます。より詳細な攻略方法を、次の例題を用いて説明していきます。

●あなたは、外国人の知り合い (Alex) から、Eメールで質問を受け取りました。この質問にわかりやすく答える返信メールを、□□□□□に英文で書きなさい。

●あなたが書く返信メールの中で、Alex のEメール文中の下線部について、あなたがより理解を深めるために、下線部の特徴を問う具体的な質問を2つしなさい。

●あなたが書く返信メールの中で□□□□□に書く英文の語数の目安は40語〜50語です。

●解答欄の外に書かれたものは採点されません。（※1）

●解答が Alex のEメールに対応していないと判断された場合は、0点と採点されることがあります。Alexのメールの内容をよく読んでから答えてください。

●□□□□□の下の Best wishes, の後にあなたの名前を書く必要はありません。

Hi!

Guess what! My father bought me a robot pet last week online. I wanted to get a real dog, but my parents told me it's too difficult to take care of dogs. They suggested that we get a robot dog instead. I'm sending a picture of my robot with this e-mail. My robot is cute, but there's a problem. The battery doesn't last long. Do you think that robot pets will improve in the future?

Your friend,

Alex

Hi, Alex!

Thank you for your e-mail.

Best wishes,

（出典：https://www.eiken.or.jp/eiken/info/2023/pdf/20230706_info_eiken.pdf）

こんにちは！

なんと、先週オンラインで父がロボットのペットを買ってくれたんだ。本物の犬が欲しかったけど、両親は犬の世話は難しすぎると言って、代わりにロボット犬を買うことを提案したんだよ。このメールにロボットの写真を添付しておくね。僕のロボットはかわいいんだけど、問題があるんだ。バッテリーの持ちが悪いんだよね。将来、ペットロボットは改良されると思う？

君の友達、

アレックス

1. 与えられたＥメールをよく読もう

ずれた返信内容を書いてしまわないように、AlexからのＥメールの構成をよく確認します。返信に含めるべき内容が何かを考えながら読みましょう。AlexのＥメールは次の流れで書かれています。

〈近況報告〉

①Guess what! ②My father bought me a robot pet last week online. ③I wanted to get a real dog, but my parents told me it's too difficult to take care of dogs. ④They suggested that we get a robot dog instead. ⑤I'm sending a picture of my robot with this e-mail.

〈近況報告の内容に関連した問題点〉

⑥My robot is cute, but there's a problem. ⑦The battery doesn't last long.

〈問題点の内容を受けた質問〉

⑧Do you think that robot pets will improve in the future?

2. 与えられている条件に合う内容を考えよう

次に、実際に返信内容を考えていきます。まずは条件に合う内容を考えます。

●あなたは、外国人の知り合い（Alex）から、Ｅメールで質問を受け取りました。この質問にわかりやすく答える返信メールを、[　　　]に英文で書きなさい。

条件にあるAlexからの質問とは、Do you think that robot pets will improve in the future?のことです。

この質問に対しては、主張＋理由で端的に答えましょう。

主張：I think robot pets will improve in the future.
　　　（私はペットロボットは将来改良されると思います）
理由：A lot of companies are spending much money to develop good robots.
　　　（多くの良い会社が良いロボットを開発するために多額の資金を投じています）

主張と理由はbecauseでつなぎましょう。

I think robot pets will improve in the future [because] a lot of companies are spending much money to develop good robots.

次に、AlexのＥメールの近況報告の部分に関連した次の条件を満たす内容を考えます。

●あなたが書く返信メールの中で、AlexのＥメール文中の下線部について、あなたがより理解を深めるために、下線部の特徴を問う具体的な質問を２つしなさい。

下線部は、Alexが最近手に入れたa robot petです。ここでは、AlexのＥメールに書かれていないことについ

て質問しましょう。Alexのペットロボットについては、⑤から写真が添付されていること、⑥から見た目がかわいいことが読み取れます。すなわち、ペットロボットの見た目について質問してしまうと、ずれた返信内容になってしまいます。

質問する内容としては、
・値段が高かったか？（Was the robot pet expensive?）
・本物の犬のようにふるまうか？（Does the robot pet act like a real dog?）
などが考えられます。1通目のメールにはバッテリーの問題点についても書かれているので、「良いバッテリーに交換できないの？」という質問も良いでしょう。
ここまでで完成した英文をつなげてみます。

> I think robot pets will improve in the future because a lot of companies are spending much money to develop good robots. Was the robot pet expensive? Does the robot pet act like a real dog?

また、このままだと、文のつながりが悪く、唐突な印象があります。そこで、1文目を About your question で、2文目を About your robot pet で、3文目を Also で始めると、読み手は流れを予測しながら読むことができるので、読みやすい文章となります。

About your question, I think robot pets will improve in the future because a lot of companies are spending much money to develop good robots. **About** your robot pet , was the robot pet expensive? **Also**, does the robot pet act like a real dog?

robot petという表現が3回連続している部分があるので、2回目以降はitに置き換えます。

【 解答例 】

About your question, I think robot pets will improve in the future because a lot of companies are spending much money to develop good robots. About your robot pet, was it expensive? Also, does it act like a real dog?

(40 words)

日本語訳

君の質問についてだけど、多くの会社が良いロボットを開発するために多額の資金を投じているから、将来的にペットロボットは改良されると思うよ。君のペットロボットについてだけど、それは高価だった？そして、それは本物の犬のようにふるまう？

---

vocabulary

- □ **Guess what!** 「ねぇ！」
- □ **online** 「オンラインで、ネットで」
- □ **too ～ to do** 「…するには～過ぎる」
- □ **take care of ～** 「～の世話をする」
- □ **instead** 「代わりに」
- □ **battery** 「バッテリー」
- □ **improve** 「良くなる、改良される」
- □ **develop** 「～を開発する」
- □ **act** 「振る舞う」

- □ **buy** *A B* 「AにBを買う」
- □ **real** 「本当の」
- □ **difficult** 「難しい」
- □ **suggest** 「～を提案する」
- □ **problem** 「問題」
- □ **last** 「持続する」
- □ **spend** 「～（時間やお金など）を費やす」
- □ **expensive** 「高価な」

Theme 2 トレーニング問題

初めて取り組む形式の問題かもしれませんが、恐れることはありません。
例題で学んだことを活かして、チャレンジしてみましょう。

- ●あなたは、外国人の知り合い (Mary) から、Eメールで質問を受け取りました。この質問にわかりやすく答える返信メールを、[　　]に英文で書きなさい。
- ●あなたが書く返信メールの中で、Mary のEメール文中の下線部について、あなたがより理解を深めるために、下線部の特徴を問う具体的な質問を2つしなさい。
- ●あなたが書く返信メールの中で[　　]に書く英文の語数の目安は40語〜50語です。
- ●解答欄の外に書かれたものは採点されません。(※)
- ●解答がMaryのEメールに対応していないと判断された場合は、0点と採点されることがあります。MaryのEメールの内容をよく読んでから答えてください。
- ●[　　]の下の Best wishes, の後にあなたの名前を書く必要はありません。

Hello!

Hope you're doing great! We moved from the countryside to a new house in the big city this weekend! I'm sending you a photo of the house with this e-mail. There are shops and cafes everywhere! It's exciting, but I'm also a little worried. Buses and trains carry too many people, and I can't feel as relaxed as I did in the country. Do you think more people will choose to live in a big city?

Your friend,
Mary

Hi, Mary!

Thank you for your e-mail.

[　　　　　　　　　　　　　　　　　　　]

Best wishes,

（オリジナル問題）

（※）本書には解答用紙は付属していません。

こんにちは！

元気にしている？　この週末、私たちは田舎から大都市の新しい家に引っ越したんだ！　このEメールに家の写真を添付しているよ。お店やカフェがいたるところにあるんだ！　わくわくするけれど、少し心配なこともあるんだ。バスや電車には人が多すぎて、田舎にいたときほどリラックスできないんだ。もっと多くの人が大都市に住む選択をすると思う？

君の友達、
メアリー

解説

1. 与えられたEメールをよく読もう

MaryのEメールの構成をよく確認し、返信に含めるべき内容が何かを考えながら読みましょう。MaryのEメールは次の流れで書かれています。

〈近況報告〉

①Hope you're doing great!　②We moved from the countryside to a new house in the big city this weekend!　③I'm sending you a photo of the house with this e-mail.　④There are shops and cafes everywhere!

〈近況報告の内容に関連した問題点〉

⑤It's exciting, but I'm also a little worried.　⑥Buses and trains carry too many people, and I can't feel as relaxed as I did in the country.

〈問題点の内容を受けた質問〉

⑦Do you think more people will choose to live in a big city?

2. 与えられている条件に合う内容を考えよう

次に、実際に返信内容を考えていきます。まずは条件に合う内容を考えます。

●あなたは、外国人の知り合い (Mary) から、Eメールで質問を受け取りました。この質問にわかりやすく答える返信メールを、□□□□に英文で書きなさい。

条件にあるMaryからの質問とは、Do you think more people will choose to live in a big city?のことです。この質問に対しては、主張＋理由で端的に答えましょう。

主張：I think more people will choose to live in a big city.
　　　（私はもっと多くの人々が大都市に住む選択をすると思います）
理由：It becomes easier to get to different places.
　　　（さまざまな場所に行くのがより容易になります）

主張と理由はbecauseでつなぎましょう。

I think more people will choose to live in a big city because it becomes easier to get to different places.

次に、MaryのEメールの近況報告の部分に関連した次の条件を満たす内容を考えます。

●あなたが書く返信メールの中で、Mary のEメール文中の下線部について、あなたがより理解を深めるために、下線部の特徴を問う具体的な質問を2つしなさい。

下線部は、Maryが最近引っ越した先のa new house in the big cityです。MaryのＥメールに書かれていないことについて質問しましょう。Maryの新居については、③からはその写真が添付されていることが読み取れるので、家の見た目について質問してしまうと、ずれた返信内容になってしまいます。④からは店やカフェがいたるところにあることが読み取れますが、与えられている条件は、a new house in the big cityに関する質問をすることです。店やカフェに関する質問は適切ではありません。

質問する内容としては、
　・あなたの家（＝新居）は学校に近いか？（Is your house close to school?）
　・バスは近くのバス停にどのくらいの頻度で来るのか？（How often does a bus come to the stop near it?）
などが考えられます。他にも、「あなたの部屋はどんな感じなの？」といった質問も良いでしょう。
ここまでで完成した英文をつなげてみます。

> I think more people will choose to live in a big city because it becomes easier to get to different places. Is your house close to school? How often does a bus come to the stop near it?

このままだと、唐突な印象があったり、文のつながりが悪かったりします。そこで、Maryの質問への返答である１文目をAbout your questionで、新居について質問をする２文目をAbout your houseで、質問の２つ目である３文目をAlsoで始めましょう。読み手は流れを予測しながら読むことができるので、読みやすい文章となります。

About your question, I think more people will choose to live in a big city because it becomes easier to get to different places. **About your house**, is it close to school? **Also**, how often does a bus come to the stop near it?

ちなみに、質問の１つ目をAbout your houseから始めたので、is it close to schools?という形で代名詞を使用しています。

【 解答例 】

About your question, I think more people will choose to live in a big city because it becomes easier to get to different places. About your house, is it close to school? Also, how often does a bus come to the stop near it?　　　　　　　　（44 words）

日本語訳

君の質問についてだけどさまざまな場所に行くのがより容易になるから、私はもっと多くの人々が大都市に住む選択をすると思うよ。君の家についてだけど、学校に近い？　そして、家の近くのバス停にはどのくらいの頻度でバスが来るの？

vocabulary

□ **hope**「〜を望む」

□ **countryside**「田舎」

□ **worried**「心配している」

□ **carry**「〜を運ぶ」

□ **relaxed**「リラックスした」

□ **different**「難しい」

□ **stop**「停留所」

□ **move**「引っ越しをする」

□ **exciting**「ワクワクさせるような」

□ **everywhere**「いたるところに」

□ **not as ～ as** …「…ほど〜ない」

□ **choose to** *do*「〜することを選ぶ」

□ **get to ～**「〜に行く」

Chapter

2

Speaking

- ●ポイント解説
- ●トレーニング問題

面接の全体の流れをおさえよう！

Point 面接試験で必ずおさえておきたいこと

○フルセンテンスで答える！

主語と動詞を必ず入れて答えましょう。

○日本語は使わない！

日本語を使ったら自動的に減点です。絶対に避けましょう。ただし、英語になっている日本語や、日本語の後に英語で説明を加えるのはOKです。

（例）

　　　　○I like sushi.

　　　　×I like *okonomiyaki*.

　　　　○I like *okonomiyaki*, a Japanese pancake.

○態度点は確実に取る！

面接では、面接官と積極的にコミュニケーションをとろうとする態度も評価の対象になります。「無言にならないこと」や「自然な応答」「発言の聞きやすさ」が重要です。やる気を見せようと、必要以上に大声で話す必要はありません。

○聞き取れなければ聞き直そう！

自然なタイミングなら1問につき1回聞き返しても減点されません。

Sorry?	（すみませんが、もう一度言ってくれますか）
Pardon?	（すみませんが、もう一度言ってくれますか）
Can you say that again?	（もう一度言ってくれますか）

などの表現を使えるようにしておきましょう。長い時間考えてから聞き直すと減点されてしまうので、わからなかったら長考せず聞き直しましょう。ただし、1問につき2回聞き直すと減点されてしまいますので注意してください。

Memo

入室するときにMay I come in? と言わなければならないと勘違いしている受験者が多いですが、そのまま入り、**Hello!** のように挨拶をすれば十分です。

面接の流れを確認

（面接官）

Hello. May I have your card, please?
こんにちは。カードをいただけますか？

（受験者）

Here you are. 〈examinee cardを渡す〉
どうぞ。

Thank you.
ありがとうございます。

〈着席する〉

My name is XXX. May I have your name, please?
私の名前はXXXです。お名前を伺えますか？

My name is YYY.
私の名前はYYYです。

This is the Grade Pre-2 test, OK?
これは準2級のテストです。いいですか？

OK.
はい。

Can you hear me clearly?
私の声がはっきり聞こえますか？

Yes.
はい。

All right. Mr. / Ms. YYY, how are you?
ではYYYさん、調子はどうですか？

I'm fine. / I'm a little nervous.
元気です。/ 私は少し緊張しています。

Let's begin the test. Here's your card.
テストを始めましょう。あなたのカードです。

Thank you. 〈問題カードを受け取る〉
ありがとうございます。

Please read the passage silently for 20 seconds.
文章を20秒間黙読してください。

OK. 〈20秒の黙読〉
わかりました。

Please read it aloud.
声に出して読んでください。

OK. 〈音読をする〉
わかりました。

Now, I'll ask you five questions.
では、5つの質問をします。

OK.
わかりました。

No. 1 According to the passage, ...?
No. 1 文章によると…？

〈書かれている情報に基づき解答する〉

No. 2 Now, please look at the people in Picture A. They are doing different things.
Tell me as much as you can about what they are doing.
No. 2 それでは、イラストAに描かれている人々を見てください。彼らは異なること
をしています。彼らが何をしているか、できるだけ多く話してください。

〈絵に描かれている5つの動作を描写する〉

No. 3 Please look at the ... in Picture B. Please describe the situation.
No. 3 イラストBに描かれている…を見てください。その状況を描写してください。

〈状況を英語で説明する〉

Now, Mr. / Ms. YYY, please turn over the card and put it down.
では、YYYさん、カードを裏返して置いてください。

OK. 〈問題カードを裏返して置く〉
わかりました。

No. 4 Yes / No question 〈Yes / Noで答える質問がなされる〉
No. 4 Yes / No 疑問文

Yes. / No.
はい / いいえ

Why? / Why not? など 〈Yes / Noそれぞれの場合の理由が問われる〉
なぜですか？/ なぜそう思わないのですか？

〈自分の意見を述べる〉

No. 5 Yes / No question 〈Yes / No で答える質問がなされる〉
No. 5 Yes / No 疑問文

Yes. / No.
はい / いいえ

Why? / Please tell me more. など 〈Yes / No それぞれの場合の理由が問われる〉
なぜですか？ / なぜそう思わないのですか？

〈自分の意見を述べる〉

This is the end of the test. May I have the card back, please?
これでテストは終わりです。カードをお返ししてもらってよろしいですか。

Here you are. 〈問題カードを戻す〉
はい、どうぞ。

You may go now. Good-bye.
退室してください。さようなら。

Bye. 〈あいさつをして退出する〉
さようなら。

Memo

面接全体の配点は以下のようになっています。
・カードの音読：5点
・応答問題　　：25点（5点×5問）
・態度点　　　：3点

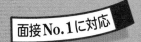
音読問題と応答問題(No. 1)をおさえよう!

音読問題

Point① 準2級の音読問題はどんな問題?

○カードの上部に書いてあるパッセージの音読

最初にカードを渡されてから、20秒間黙読の時間が与えられます。その間に内容をつかみ、区切る箇所を考えておきましょう。

○パッセージの分量:4〜5文程度

Point② 準2級の音読問題の攻略方法とは?

○意味の区切りを理解して音読する

ここが最も大事。意味がわかっていないと文を正しく区切って読むことはできません。多くの受験者が個々の発音を意識するだけで、区切りを無視しています。単語で区切って読むのではなく、**意味のカタマリを意識して読み**ましょう。

○発音とイントネーション

黙読時間には、**読み間違えそうな単語もチェック**します。発音がわからないものは、つづりから予想して読みましょう。わからないからといってそこで止まってしまうと、減点されてしまう可能性があります。

次の例題に取り組んでみましょう。

Better Beaches

Today, beaches are popular with people of all ages. However, keeping beaches in good condition is hard work. Now, technology is playing an important role. Some towns use robots that clean beaches, and in this way they try to make the environment of their beaches better. Such robots are becoming more common.

(2023年度第1回B日程)

解説

1. 意味のカタマリで区切る

Today, / beaches are popular / with people / of all ages. // However, / keeping beaches / in good condition / is hard work. // Now, / technology is playing an important role. // Some towns use robots / that clean beaches, / and in this way / they try to make the environment / of their beaches / better. // Such robots are becoming more common.

カンマの後ろ、関係詞や接続詞の前、to不定詞の前、前置詞の前などを目安に区切りましょう。こうやって区切れば、意味のカタマリごとに区切った文になります。また、1つのカタマリが長い場合は主語と動詞の間、動詞と目的語の間も区切ることができます。ただし機械的に読むのではなく臨機応変に読みましょう。例えば速く読める人は1文目を、

beaches are popular / with people of all ages

や

beaches are popular with people / of all ages

のように 1 つの区切りとしても構いません。2 文目も

keeping beaches in good condition / is hard work

のように読むこともできます。4 文目の try の後ろは to 不定詞ですが try to とつなげてセットフレーズとして読む方が自然です。

2. 強く読む語と弱く読む語

強く読む語と弱く読む語をそれぞれ意識しましょう。

> ### Key
>
> **強く読む語**：名詞・動詞・動名詞・不定詞・形容詞・副詞・否定語
> **弱く読む語**：be 動詞・代名詞・関係詞・冠詞・接続詞・助動詞・to 不定詞の to・前置詞

例題の 1 文目を単語ごとに区切ると以下のようになります。

Today,	**beaches**	**are**	**popular**	**with**	**people**	**of**	**all**	**ages.**
副詞	名詞	be 動詞	形容詞	前置詞	名詞	前置詞	形容詞	名詞

意味の区切りと強弱を組み合わせると、以下のようになります。● をつけた語を強く読みます。can のような助動詞単体では弱く読まれますが、can't のように not という否定語が付いている場合は強く読まれます。

To**day**, / **beach**es are **pop**ular / with **peo**ple / of **all a**ges. // How**ev**er, / **keep**ing **beach**es / in **good** con**di**tion / is **hard work**. // **Now**, / tech**nol**ogy is **play**ing an im**por**tant **role**. // Some **towns use ro**bots / that **clean beach**es, / and in this **way** / they **try** to **make** the en**vi**ronment / of their **beach**es / **bet**ter. // Such **ro**bots are be**com**ing **more com**mon.

こうした意味の区切りと強弱をつけられるようになると、自然に英語を話すことができるようになります。最初は大変かもしれませんが、意識して練習しましょう。 弱音はくっつきやすいというルールを知らないと音の連結も意識できません。

> **of all**（オヴァール）　　　　**and in**（アンディン）

など語末の子音と語頭の母音がくっつきやすいというのは知っている人が多いのですが、弱音がくっつきやすいというのも覚えておきましょう。

3. イントネーション

イントネーションは主節の主語の前で上げるようにしましょう。Todayやin this wayは主節の主語の前なので上げるようにしましょう。イントネーションを上げることが、「まだ後ろに続くよ」という合図になります。

Today, / beaches are popular / with people / of all ages. // However, / keeping beaches / in good condition / is hard work. // Now, / technology is playing an important role. // Some towns use robots / that clean beaches, / and in this way / they try to make the environment / of their beaches / better. // Such robots are becoming more common.

【 解答例 】

Better Beaches

Today, / beaches are popular / with people / of all ages. // However, / keeping beaches / in good condition / is hard work. // Now, / technology is playing an important role. // Some towns use robots / that clean beaches, / and in this way / they try to make the environment / of their beaches / better. // Such robots are becoming more common.

※解答音声は区切って読まれるものとナチュラルスピードのものが順に流れます。両方の音声を聞いて練習しましょう。

日本語訳

より良いビーチ

現在、ビーチは全世代の人々に人気があります。しかし、ビーチを良い状態に保つのは大変な仕事です。今、テクノロジーが重要な役割を果たしています。ビーチを掃除してくれるロボットを使う町もあり、これによりビーチの環境をより良くしようとしています。そういったロボットはますます一般的になってきています。

vocabulary

- □ *be* popular with ~「～に人気がある」
- □ however「しかし」
- □ play a role「役割を果たす」
- □ make O C「OをCにする」
- □ age「世代、年齢」
- □ in good condition「良い状態で」
- □ in this way「これによって、この方法で」
- □ common「一般的な」

Point① 応答問題 (No. 1) はどんな問題？

○パッセージの音読後に聞かれる質問に対して答える問題。

○下の例題にあるように、質問文は1文で、**According to the passage**「文章によれば」から始まります。

Point② 応答問題 (No. 1) の攻略方法とは？

○**質問に的確に返答する**

　質問とまったく関係ないことを答えてしまう受験者は意外と多いです。**質問の意味をきちんと理解して、答えに関係ある部分をパッセージの中から見つけましょう。**質問されてからその部分を一生懸命探す人が多いのですが、音読するときに意味を理解しながら読んでいれば、すぐに発見できます。**いかに意味を把握して読んでいるかが重要**になるわけです。

○**代名詞を使う**

　カードに書いてあることをそのまま読んでも正解にはなりません。**文中に出てくる名詞を必要に応じて代名詞に変えることを忘れないでください。**

○**フルセンテンスで答える**

　名詞だけ・動詞だけといった答え方をせず、主語と動詞を含む文にして答えましょう。ただし、下の例題のようなHowに対する解答だけは、By *do*ing ～ という形を使って答えることができます。

○**情報を照らし合わせる**

　1箇所を見ただけでは解答できません。**複数の箇所を照らし合わせて解答の文を作り上げます。**

　詳しくは次のページの例題の解説を参照してください。

では、次の例題に取り組みましょう。音声を聞き、質問に答えましょう。

Better Beaches

Today, beaches are popular with people of all ages. However, keeping beaches in good condition is hard work. Now, technology is playing an important role. Some towns use robots that clean beaches, and in this way they try to make the environment of their beaches better. Such robots are becoming more common.

No. 1
According to the passage, how do some towns try to make the environment of their beaches better?

（2023年度第1回B日程）

※実際の面接では、質問文は問題カードに書かれていません。

According to the passage, how do some towns try to make the environment of their beaches better? と問われているので、

in this way they try to make the environment of their beaches better

の部分が解答根拠になるとわかります。

しかし、これだけではin this way「このように」が何を指しているのかわかりません。その直前のandの前を見るとuse robots that clean beachesが指している部分だとわかります。これを by *do*ing「～することによって」という形に書き換えます。

Some towns use robots that clean beaches, and in this way they try to make the environment of their beaches better.

そうすれば

By using robots that clean beaches.

「ビーチを掃除するロボットを使うことによってです」という解答が出来上がります。

主語と動詞を含む文で解答を作る場合は要注意です。Some towns use robots that clean beaches. とそのまま読んでしまうと減点されてしまいます。質問文にsome townsとすでに出てきているのでその部分を代名詞のtheyに変える必要があります。

Some towns use robots that clean beaches, and in this way they try to make the environment of their beaches better.

から

They use robots that clean beaches. (それらはビーチを掃除するロボットを使っています)

としなければなりません。質問文中にすでに出ている語句は代名詞に変えることを覚えておきましょう。

【 解答例 】

No. 1

According to the passage, how do some towns try to make the environment of their beaches better?

—By using robots that clean beaches.
—They use robots that clean beaches.

日本語訳

No. 1　文章によると、いくつかの町はどのように彼らのビーチ環境をより良くしようとしていますか。
　　　　ビーチを掃除するロボットを使うことによってです。
　　　　それらはビーチを掃除するロボットを使っています。

vocabulary

□ **according to ～**「～によると」　　　　　　□ **passage**「文章」
□ **by *do*ing**「～することによって」

トレーニング問題

音読問題と応答問題 (No. 1) にチャレンジしてみましょう。

まずは、書かれた英文を音読し、その後で音声を流し、聞こえてきた質問に答えましょう。

答えた内容は録音しておいて、次のページからの解説を読んで自分の解答と比べてみましょう。

Outdoor Activities

Outdoor activities are popular with people of all ages. For example, camping in nature is fun, and many people enjoy cooking outdoors. However, some people do not pay enough attention to others around them, and as a result they cause problems for other campers. People should think about others when enjoying outdoor activities.

（2023 年度第 1 回 A 日程）

音読問題

ポイント解説の注意事項を踏まえ、意味のカタマリで区切って音読しましょう。

Outdoor Activities

Outdoor ac**ti**vities are **po**pular / with **peo**ple / of **all** **a**ges. // For ex**am**ple, / **camp**ing in **na**ture / is **fun**, /and **ma**ny **peo**ple en**joy** / **cook**ing **out**doors. // How**ev**er, / some **peo**ple do **not pay** e**nough** at**ten**tion / to **oth**ers around them, / and as a re**sult** / they **cause prob**lems / for **oth**er **camp**ers. // **Peo**ple should **think** about **oth**ers / when en**joy**ing **out**door ac**ti**vities.

例題と同じく、必ずしも同じように読む必要はありません。1文目の区切りはwith、ofのカタマリの前に1度だけでも構いません。2文目のcamping in natureの動名詞のカタマリの後ろのis funは短いので一気に読むこともできますし、同じく2文目のenjoyの後ろのcooking outdoorsの動名詞のカタマリも短いので一気に読んでも構いません。

□ **activity**「活動」
□ **nature**「自然」
□ **outdoors**「野外で」
□ **pay attention to ~**「~に注意を払う」
□ **as a result**「その結果」
□ **camper**「キャンプをする人」

応答問題

質問は聞き取れましたか？

> No. 1
> According to the passage, why do some people cause problems for other campers?

質問に出てくる疑問詞は how とは限りません。他の疑問詞が出てきても、

「情報を照らし合わせる」
「質問文中に出てきた名詞は代名詞に変える」

の2つを忘れてはいけません。

今回の設問にはpeople cause problems for other campersが出ているため以下の部分が解答に関わるとわかります。

> However, **some people** do not pay enough attention to others around
> ‖
> them, and as a result **they** cause problems for other campers.

as a result「その結果」があるので、この前に原因・理由があるとわかります。そこにはsome people do not pay enough attention to others around themとあります。しかし、このsome peopleはすでに質問文中に出ているので、代名詞のtheyに変える必要があります。
よって、

Because they do not pay enough attention to others around them.

とすれば正解です。

How「どのように」だけでなくWhy「なぜ」も設問に出てきます。Howの場合はby doing so「そうすることによって」、in this way「このように」が答えに関わってくることが多いです。Whyの場合はso「だから」、as a result「その結果」が答えに関わってくることが多いです。

【 解答例 】　Track 6

Outdoor Activities

Outdoor activities are popular / with people / of all ages. // For example, / camping in nature / is fun, / and many people enjoy / cooking outdoors. // However, / some people do not pay enough attention / to others around them, / and as a result / they cause problems / for other campers. // People should think about others / when enjoying outdoor activities.

※解答音声は区切って読まれるものとナチュラルスピードのものが順に流れます。両方の音声を聞いて練習しましょう。

No. 1
According to the passage, why do some people cause problems for other campers?
—Because they do not pay enough attention to others around them.

日本語訳

野外活動

野外活動は全世代の人々に人気があります。例えば、自然の中でキャンプをすることは楽しく、そして多くの人々が野外で料理をすることを楽しみます。しかし、周りの人々に十分な注意を払わない人々もいます。その結果、彼らは他のキャンプをする人たちに迷惑をかけています。人々は、野外活動を楽しむとき、他人のことを考えるべきです。

No. 1　文章によるとなぜ一部の人は他のキャンプをする人たちに迷惑をかけているのですか。
　　　　　彼らは他の人たちに十分注意していないからです。

人物の描写問題（No. 2）をおさえよう！

Point① 準2級の人物の描写問題（No. 2）はどんな問題？

○イラストAに描かれている人物の動作について描写する問題。
○描写対象となる動作は5つです。

Point② 準2級の人物の描写問題の攻略方法とは？

○**動作の描写は現在進行形を使う**

A man is pushing a cart.「男性はカートを押しているところです」をA man pushes a cart. と答えてしまう人が非常に多いです。

普段から進行形で答える習慣をつけましょう。

○**文法ミスに注意！**

冠詞のミスや前置詞のミスが非常に目立ちます。

- × **Boy** is getting **on car**.
- ○ **A boy** is getting **in a** car.「男の子は車に乗り込んでいるところです」

よく出題される動作は必ずおさえておきましょう。

では、以下の例題に取り組んでみましょう。

A

※音声を聞き、指示にしたがって、イラスト内の人々の動作について描写しましょう。

（2023年度第1回B日程）

【 解答例 】

No. 2

Now, please look at the people in Picture A. They are doing different things. Tell me as much as you can about what they are doing.

（1人目）A boy is drinking water.
（2人目）A man is carrying a box.
（3人目）A girl is running after a dog. / A girl is chasing a dog.
（4人目）A woman is picking up a hat.
（5人目）A man is cutting bread.

解説

（1人目）A boy is drinking water.

左上の男の子は水を飲んでいます。waterでなくてもjuice「ジュース」などでも正解になります。

（2人目）A man is carrying a box.

男の子の前には箱を運んでいる男性がいるのでcarry「～を運ぶ」を使えばバッチリです。
他にもA man is holding a box.「男性は箱を持っている」としても大丈夫でしょう。

（3人目）A girl is running after a dog. / A girl is chasing a dog.

右の女の子は犬を追いかけているのでchaseやrun after ～「～を追いかける」を使って表します。

（4人目）A woman is picking up a hat.

左下の女性は帽子を拾い上げているのでそれをpick up「～を拾い上げる」を使って表します。
is picking a hat upの語順でも大丈夫です。

（5人目）A man is cutting bread.

右下の男性はパンを切っているのでcutとbreadを使って表します。breadは不可算名詞なのでaをつけないように気をつけましょう。

日本語訳

No. 2

それでは、イラストAに描かれている人々を見てください。彼らは異なることをしています。彼らがしていることについて、できるだけ多く話してください。

（1人目）男の子は水を飲んでいるところです。
（2人目）男性は箱を運んでいるところです。
（3人目）少女は犬を追いかけているところです。
（4人目）女性は帽子を拾い上げているところです。
（5人目）男性はパンを切っているところです。

vocabulary

□ **run after** ～「～を追いかける」　　　　　□ **pick up**「～を拾い上げる」

人物の描写問題（No. 2）にチャレンジしましょう。

まずは、イラストの内容を確認し、その後でそれぞれの人物の動作を描写しましょう。

答えた内容は録音しておいて、次のページからの解説内容と比べてみましょう。

A

（2023年度第1回A日程）

この問題で放送された文章は以下の通りです。

No. 2
Now, please look at the people in Picture A. They are doing different things. Tell me as much as you can about what they are doing.

この指示にしたがって、一人ひとりの動作を確認してみましょう。

（1人目）
左上に男性が泳いでいるのでA man is swimming. とします。泳いでいる場所が湖と考えれば

> **A man is swimming in the lake.**

となります。川と考えれば以下のように述べることもできます。

> **A man is swimming in the river.**

（2人目）
右上の男性はフェンスにペンキを塗っているので

> **A man is painting a fence.**

とすればOKです。壁にペンキを塗っている絵もよく出題されるのでis painting a wall「壁にペンキを塗っている」もおさえておきましょう。

（3人目）
真ん中の女性はバイオリンを弾いているので

> **A woman is playing the violin.**

とすれば良いです。ちなみにinstrument「楽器」という表現を覚えておけばどんな楽器が出てきても使えます。

（4人目）
真ん中の下にいる女の子はハンバーガーを食べているので

> **A girl is eating a hamburger.**

と表すことができます。どうしてもわからない場合はsome food「食べ物」として逃げることもできます。

（5人目）
右下の男性はサングラスをかけている最中、もしくは外している最中なので

> **A man is putting on sunglasses.**

もしくは

> **A man is taking off sunglasses.**

とすればOKです。is wearingだとサングラスをかけている状態を表すので不正解です。

Key

気をつけなければならない進行形
下の動詞が進行形になった場合、意味の違いに注意しましょう。

・**wear**「身に着けている」と **put on**「身に着ける」
A woman is wearing glasses. (女性は眼鏡をかけている (状態))
A woman is putting on glasses. (女性は眼鏡をかけようとしている (最中))

・**ride**「乗る」と **get in**「乗り込む」
A man is riding a car. (男性は車に乗っている (状態))
A man is getting in a car. (男性は車に乗り込もうとしている (最中))
※バス・電車の場合はis getting <u>on</u> a busのように、inではなくonを使います。

━━━●━━【 解答例 】━━●━━━

No. 2
Now, please look at the people in Picture A. They are doing different things. Tell me as much as you can about what they are doing.

(1人目) A man is swimming (in the lake / in the river).
(2人目) A man is painting a fence.
(3人目) A woman is playing the violin.
(4人目) A girl is eating a hamburger.
(5人目) A man is putting on sunglasses. / A man is taking off sunglasses.

日本語訳

No. 2
それでは、イラストAに描かれている人々を見てください。彼らは異なることをしています。彼らがしていることについて、できるだけ多く話してください。

(1人目) 男性は (湖で / 川で) 泳いでいるところです。
(2人目) 男性はフェンスにペンキを塗っているところです。
(3人目) 女性はバイオリンを弾いているところです。
(4人目) 女の子はハンバーガーを食べているところです。
(5人目) 男性はサングラスをかけているところです。 / 男性はサングラスを取っているところです。

is walking   歩いている

＊walking up the stairs「階段を登っている」が出題されたこともあります

is jogging   ジョギングをしている

is running   走っている

is listening to music   音楽を聴いている

is reading X   Xを読んでいる

is looking at X   Xを見ている

is watching a video   動画を観ている

＊動画のような画面に映っているものを「観る」のはwatchになります

is cleaning X   Xを掃除している、片付けている

is mopping a floor   床にモップをかけている

is wiping a window   窓を拭いている

is putting a poster on the wall   ポスターを壁に貼っている

is eating X   Xを食べている

is pouring X into a glass / cup   グラス/カップにXを注いでいる

is taking a picture   写真を撮っている

is wrapping a box   箱を包んでいる

is fixing X   Xを直している

is pushing a cart   カートを押している

is pulling a cart   カートを引いている

is opening a curtain   カーテンを開けている

is closing a curtain   カーテンを閉めている

is throwing away trash   ごみを捨てている

＊is throwing away a can「缶を捨てている」もよく出ます

is putting X into the bag   Xをバッグに入れている

is taking X out of the bag   Xをバッグから出している

is taking a book from the bookshelf   本を本棚から取っている

＊「取り出す・入れる」は頻出です

is talking on the phone   電話で話している

is making an announcement   アナウンスをしている

＊マイクを持って話している様子を描写する際に使えます

is using X   Xを使っている

＊is using a copy machine「コピー機を使っている」は頻出です

【動植物関連】

is walking a dog	犬を散歩させている
is feeding X	Xに餌を与えている
is playing with X	Xと遊んでいる
is watering some flowers	花に水をやっている
is planting some flowers	花を植えている
is brushing X	Xにブラシをかけている

＊自分のhair「髪の毛」やa horse「ウマ」などにブラシをかける様子が出題されています

【2人がセットで描かれている場合】

are waving at / to each other	お互いに手を振っている
are shaking hands	握手をしている

【間違える人が多い厄介な動作】

is setting a table	テーブルを準備している
is drawing a picture	絵を描いている
is writing (something) on the blackboard	黒板に（何かを）書いている
is painting a wall	壁にペンキを塗っている

＊drawは「絵を描く」、writeは「字を書く」、paintは「ペンキを塗る・絵の具を塗る」という意味です

is waiting for the elevator	エレベーターを待っている
is getting off the elevator	エレベーターから降りている最中だ
is counting money	お金を数えている
is choosing X	Xを選んでいる
is choosing a bag / an apple	カバン / リンゴを選んでいる

＊両手に商品を持っていて首を左右に振っている絵で使う表現です

どれもNo. 2で使える表現なのでしっかりおさえておきましょう。

Theme 6

●ポイント解説

状況の描写問題(No. 3)をおさえよう！

Point① 準2級の状況の描写問題 (No. 3) はどんな問題？

○カードに描かれているイラストBの状況について描写する問題。

○カードには、ある状況が1コマで描かれています。

Point② 準2級の状況の描写問題 (No. 3) の攻略方法とは？

○論理関係に注目して描写する！

1コマでどういった状況かを判断する必要があります。きちんと論理関係を考えていけば正解できます。

ここでは「〜なので…だ／…なのは〜だからだ」と「〜だ。しかし…」という表現が役立ちます。

Key

状況の描写問題で頻出の論理関係

1　因果関係

●AなのでB。	=	使用する文型は、 ・*A, so B.* ・*B* because *A*. ・Because *A*, *B*.
●BなのはAだから。		

2　逆接の関係

●XだがY。	=	使用する文型は、 *X*, but *Y*.

B

※音声の指示にしたがって、イラスト内の状況について描写しましょう。　　（2023年度第1回B日程）

【 解答例 】

No. 3 Now, look at the girl in Picture B. Please describe the situation.

—She forgot to put a stamp on the letter, so she can't send it.
—She can't send the letter because she forgot to put a stamp on it.
—She wants to send the letter, but she can't because she forgot to put a stamp on it.
—She wants to send the letter, but she can't because she forgot a stamp on it.

解説

女の子が手紙を出そうとしていますが、切手がないため送れないことがわかります。
よって、

「切手を貼るのを忘れた」(原因)
「手紙が送れない」(結果)

を表します。

She forgot to put a stamp on the letter, so she can't send it.
「彼女は手紙に切手を貼るのを忘れた。だからそれを送れない」

とすれば正解です。
もしくは原因と結果の順番を逆にして

She can't send the letter because she forgot to put a stamp on it.
「彼女はその手紙を送れない。なぜならそれに切手を貼るのを忘れたからだ」

とすることもできます。
他にも

She wants to send the letter, but she can't because she forgot to put a stamp on it.
「彼女は手紙を送りたいができない。なぜならそれに切手を貼るのを忘れたからです」

のようにbutを使って表すこともできます。この「～したいが…できない」は使える表現なので覚えておきましょう。
forgot to put a stamp on the letterのところは she forgot a stamp「切手を忘れた」とすることもできます。

このように因果関係や逆接の関係に注目して絵を見るようにしましょう。

日本語訳

No. 3
それでは、イラストBの女の子を見てください。状況を描写してください。

彼女は手紙に切手を貼るのを忘れました。だからそれを送ることができません。
彼女はその手紙を送れません。なぜならそれに切手を貼るのを忘れたからです。
彼女は手紙を送りたいができません。なぜならそれに切手を貼るのを忘れたからです。
彼女は手紙を送りたいができません。なぜならそれに切手を忘れたからです。

vocabulary

□ **forget to** *do*「～するのを忘れる」　　　　　□ **stamp**「切手」

トレーニング問題

状況の描写問題 (No. 3) にチャレンジしましょう。
イラストの内容を確認し、その後で音声の指示にしたがって状況を描写しましょう。
答えた内容は録音しておいて、次のページの解説の内容と比べてみましょう。

B

（2023年度第1回A日程）

No. 3

Now, look at the girl in Picture B. Please describe the situation.

—She found a watch, so she is going to take it to the police / a police officer.

—She is going to give a watch to the police because she found it on the table.

—She found a watch, and she is thinking of taking it to the police.

☐ **police**「警察（複数扱い）」
☐ **police officer**「警察官」

解説

女の子が腕時計を発見し、それを警察に届けようとしている絵です。

| she found a watch | 「腕時計を見つけた」 |
| she is going to take it to the police | 「警察に持っていくつもりだ」 |

この2つをso や because でつなげば正解を作ることができます。

be going to *do*「～するつもりだ」という未来の表現は使えるようにしておきましょう。

他にも *be* thinking of *do*ing「～しようと考えている」も役立つ表現です。

警察は the police、警察官は a police officer という表現を使って表します。

日本語訳

No. 3

それでは、イラストBに描かれている女の子を見てください。状況を描写してください。

　彼女は腕時計を見つけたので、警察に持っていくつもりです。
　彼女は警察に腕時計を渡すつもりです。なぜならテーブルの上にそれを見つけたからです。
　彼女は腕時計を見つけました。そしてそれを警察に持っていこうと考えています。

Theme 7

Yes / Noで答える問題(No. 4 & 5)をおさえよう!

Point① 準2級のYes / Noで答える問題はどんな問題?

○面接官からの、あるテーマについての質問に答える問題。No. 4とNo. 5がこれにあたります。

○「あなたは〜ですか」という自分自身の考えについてYes / Noから始めて答える問題。

Point② 準2級のYes / Noで答える問題の攻略方法とは?

○確実に質問を聞き取り、関連することを答える

　質問を聞き取れない受験者が多いので、きちんとリスニング力をつけておくことが大前提です。

○ 2文で答える

　Yes / Noの立場を伝えた後で、それについてより詳しく説明する部分は、**必ず2文で答えましょう。**

　答える際には以下のパターンを参考にするとよいでしょう。

Key

【パターン1】　理由1＋理由2
【パターン2】　理由＋具体例
【パターン3】　理由＋主張(〜すべきだ)

これらを踏まえて次の例題に取り組みましょう。

No. 4

Do you think more people will want to have robots as pets in the future?

No. 5

These days, going shopping with friends is popular among young people. Do you often go shopping with your friends?

(2023年度第1回B日程)

※実際の面接では質問文は問題カードに書かれていません。

No. 4

―Yes. → Please tell me more.

　It's easier to take care of them. People don't need to feed or walk them.

―No. → Why not?

　They are too expensive. Also, they don't understand people's feelings.

No. 5

―Yes. → Please tell me more.

　I usually go to the shopping mall with my friends. I can ask them what I should buy.

―No. → Why not?

　I want to go shopping by myself. It is quicker to decide what to buy.

解説　　**No. 4**

将来、より多くの人がロボットをペットとして飼いたいと思うか尋ねている問題です。

○**Yesで答える場合**

ロボットの方が世話をするのが簡単だという理由と、餌を与えたり散歩に連れていったりする必要がないという具体例を述べています。

○**Noで答える場合**

ロボットが高いという理由の1つ目を述べた後、ロボットは人の気持ちがわからないという2つ目の理由を述べています。

○**他のアイディア**

その他にも次のような理由が考えられます。

　Yesで答える場合▼

　　They are quiet. 「それらは静かです」

　　They don't hurt people or break things. 「それらは人々を傷つけることはないし、物を壊すこともありません」

　Noで答える場合▼

　　They may break down. 「それらは壊れてしまうかもしれません」

このような「将来～な人は増えると思うか」という質問は頻出です。

Key

No. 4は「自分の経験談」だけではだめ

No. 4は一般論について問われているので、自分の好みや経験だけを答えると減点対象になります。

　　NG例：I hate animals. This is because a dog bit me.

　　　　（私は動物が大嫌いです。犬が私にかみついたからです）

ただし、一般論を述べた後に自分の経験を入れるのはOKです。

　　　　Some pets are dangerous. For example, my dog sometimes bites me.

　　　　（危険なペットもいます。例えば、うちの犬は時々私にかみつきます）

○Yesで答える場合

たいてい友達と行くと述べた後に、何を買うべきか尋ねられるという、友達と行く理由を述べています。
このように「自分は〜する」「〜だからだ」と2文を組み立てれば、理由1つで解答を作ることができます。

○Noで答える場合

1人で行きたいと述べ、何を買うのか早く決められるからという理由を述べています。これも同じパターンですね。

○他のアイディア

他にも次のようなアイディアがあります。

Yesで答える場合▼

It's fun to shop with my friends. 「友達と買い物をするのは楽しいです」

Noで答える場合▼

It might take longer to buy things. 「物を買うのにより長い時間がかかるかもしれません」
Sometimes I have to see the items I don't want to buy. 「時々、買いたくない商品を見なければならないです」

No. 5は自分のことについて答える問題です。No. 4は自分の経験や好みを理由にしてはいけないのに対し、こちらは自分のことについて話して良いので楽です。また、事実を話す必要はありません。嘘でもいいので何かしらの理由をつけて話しましょう。またNo. 5は、質問の前に導入文があるため質問文が長くなります。そのためリスニング力も大事になります。

日本語訳

No. 4
将来、より多くの人がロボットをペットとして飼いたがると思いますか。
　はい。それらの世話をするのは簡単です。人々は餌を与えたり散歩に連れて行ったりする必要はありません。
　いいえ。それらはとても高価です。また、それらは人の気持ちがわかりません。

No. 5
最近、友達と買い物に行くことは若者の間で人気があります。あなたは友達とよく買い物に行きますか。
　はい。私はたいてい友達とショッピングモールに行きます。彼ら（彼女たち）に何を買うべきか尋ねることができます。
　いいえ。私は1人でショッピングに行きたいです。何を買うか決めるのがより早いです。

vocabulary

□ **go shopping**「買い物に行く」　　　　□ **among**「〜の間で」

□ **it takes** 時間 **to** *do*「〜するのに時間がかかる」　　□ **item**「商品」

Theme 7 トレーニング問題

Yes / No で答える問題（No. 4、No. 5）にチャレンジしてみましょう。聞こえてくる質問に対し、Yes / No から始めて自分自身の考えを答えましょう。
答えた内容は録音しておいて、次のページからの解説の内容と比べてみましょう。

No. 4 （音声を聞いて質問に答えましょう）

No. 5 （音声を聞いて質問に答えましょう）

（2023年度第1回A日程）

vocabulary

□ **cooking school**「料理学校」

【 解答例 】 — Track 18

Do you think that more people will go to cooking schools in the future?

例1：

Yes. → Please tell me more.

Many people are interested in cooking. Also, the food people cook at home is usually healthier than prepared food.

例2：

No. → Why not?

Many people are too busy to cook. Also, they can watch cooking videos online.

□ **prepared food**「調理済み食品」

□ **online**「オンラインで」

解説

例1は、多くの人が料理に興味を持っているという1つ目の理由を述べ、その後、調理済み食品よりも家で料理した食べ物の方が健康に良いという2つ目の理由を述べています。

例2は、忙しすぎて料理ができないという1つ目の理由と、（料理学校に行かなくとも）オンラインで料理の動画が見られるという2つ目の理由を述べています。

その他のアイディアは以下のようなものが考えられます。

賛同側：
- ・Learning from experts is fun.「専門家から習うことは楽しいです」
- ・Cooking at home is cheaper. 「家で調理する方が安いです」

□ **expert**「専門家」

反対側：
- ・Going to cooking school might be expensive.
  「料理学校に行くことは高くつくかもしれません」
- ・These days, we can use many delivery services.
  「最近、私たちは多くの配達サービスを利用することができます」
- ・We can buy many types of frozen food.
  「私たちは多くの種類の冷凍食品を購入することができます」

□ **expensive**「高い、高価な」

□ **delivery service**「配達サービス」

□ **frozen food**「冷凍食品」

日本語訳

将来、より多くの人が料理学校に通うと思いますか。

例1：はい。多くの人が料理に興味を持っています。また、人々が家で作る料理はたいてい、調理済み食品よりも健康に良いです。

例2：いいえ。多くの人は忙しくて料理ができません。また、彼らはオンラインで調理動画を見ることができます。

No. 5

vocabulary

【 解答例 】

In Japan, many kinds of tea are sold in stores. Do you often drink tea?

例1：

Yes. → Please tell me more.

Tea is healthier than juice. So, I drink it with meals.

例2：

No. → Why not?

I don't like the taste of tea. So, I like drinking juice better than tea.

□ **meal**「食事」

□ **taste**「味」

解説

例1では、ジュースよりお茶が健康に良いという理由を述べ、食事と一緒にお茶を飲むと述べています。このように理由を述べた後で「自分は〜する」と述べるのも良い解答方法です。

例2では、お茶の味が好きではないと述べ、ジュースを飲むのが好きだと答えています。こちらも理由の後に自分の行うことを述べています。

その他のアイディアは次のようなものが考えられます。

・**Yes**で答える場合

　Tea is usually cheap.「お茶はたいてい安いです」

・**No**で答える場合

　It takes time to make tea.「お茶を作るのには時間がかかります」
　Tea has a lot of caffeine.「お茶は多くのカフェインを含んでいます」
　I prefer coffee to tea.「お茶よりもコーヒーが好きです」

□ **caffeine**「カフェイン」
□ **prefer** *A* **to** *B*「AをBより好む」

日本語訳

日本では、多くの種類のお茶が店舗で売られています。よくお茶を飲みますか。

例1：はい。お茶はジュースよりも健康に良いです。だから、食事と一緒に飲みます。

例2：いいえ。お茶の味は好きではありません。だから、お茶よりもジュースを飲むのが好きです。

ここであらためて、ライティングで学んだアイディア出しの例（14ページ）を復習しておきましょう。

理由を考えるための切り口

効率：Studying early in the morning is very efficient.（朝早くに勉強するのはとても効率的だ）
→**We can study in a quiet time of the day.**（周りが静かな時間帯に勉強できるから）

時間：Shopping online saves a lot of time.（ネットで買い物するのは大いに時間の節約になる）
→**We don't need to go to a store.**（お店に行く必要がないから）

健康：Using a smartphone is bad for our health.（スマートフォンを使うことは健康に悪い）
→**It's bad for our eyes.**（目に悪いから）

費用：Wearing a school uniform saves money.（制服を着ることはお金の節約になる）
→**We don't need to buy many clothes.**（服をたくさん買わなくて良いから）

環境：Using plastic bags is bad for the environment.（ビニール袋を使うことは環境に悪い）
→**It increases the amount of waste.**（ごみが増えるから）

便利・不便：Paper maps are very useful.（紙の地図はとても便利だ）
→**We can use them without the Internet.**（インターネットがなくても使えるから）

次のページからは面接1回分の問題に挑戦しましょう。
その前に、ここまでのポイントをしっかり復習しておきましょう。

面接１回分の問題に挑戦！

Chapter 2の最後に、面接１回分の問題に挑戦しましょう。
答えた内容は録音しておいて、次のページからの解説の内容と比べてみましょう。

A New Way of Recycling

Today, supermarkets are trying to help the environment. They have started services that let customers recycle plastic more easily. Some customers take plastic bottles to supermarkets, and by doing so they get a discount for shopping there. Such supermarkets are trying to make the environment better and attract customers at the same time.

A

B

（2022年度第2回A日程）

▶ 放送された英文

Please read the passage silently for 20 seconds.

Please read it aloud.

No. 1 According to the passage, how do some customers get a discount for shopping at supermarkets?

No. 2 Now, please look at the people in Picture A. They are doing different things. Tell me as much as you can about what they are doing.

No. 3 Now, look at the man in Picture B. Please describe the situation.

Now, Mr./Ms._____, please turn over the card and put it down.

No. 4 Do you think students should have more time to use computers at school?

No. 5 In Japan, many people enjoy hiking in their free time. Do you like to go hiking?

日本語訳

文章を20秒間黙読してください。
声に出して読んでください。

No. 1
文章によると、何人かの顧客はスーパーマーケットで買い物をする際にどのように割引を受けますか。

No. 2
それでは、イラストAに描かれている人々を見てください。彼らは異なることをしています。彼らがしていることについて、できるだけ多く話してください。

No. 3
それでは、イラストBに描かれている男性を見てください。その状況を描写してください。

では、＿＿さん、カードをひっくり返して、置いてください。

No. 4
生徒たちは学校でコンピュータを使う時間をより多く取るべきだと思いますか。

No. 5
日本では、多くの人が自由時間にハイキングを楽しみます。あなたはハイキングに行くのが好きですか。

【 解答例 】

A New Way of Recycling

Today, / supermarkets are trying / to help the environment.// They have started services / that let customers recycle plastic / more easily.// Some customers take plastic bottles / to supermarkets,/ and by doing so / they get a discount / for shopping there.// Such supermarkets are trying to make the environment better / and attract customers / at the same time.

※解答音声は区切って読まれるものとナチュラルスピードのものが順に流れます。両方の音声を聞いて練習しましょう。

□ customer「顧客」
□ plastic bottle「ペットボトル」
□ discount「割引」
□ attract「〜を惹きつける」
□ at the same time「同時に」

日本語訳

リサイクルの新しい方法

今日、スーパーマーケットは環境を守ろうとしています。彼らは顧客にプラスチックをより簡単にリサイクルさせてあげるサービスを始めています。ペットボトルをスーパーマーケットに持っていく人もいますし、そうすることによって、彼らはそこで買い物をするときに割引が得られます。そういったスーパーマーケットは環境をより良くし、同時に顧客を惹きつけようとしています。

解説　No. 1

【 解答例 】

By taking plastic bottles to supermarkets.
They take plastic bottles to supermarkets.

日本語訳

ペットボトルをスーパーマーケットに持っていくことによってです。
彼らはペットボトルをスーパーマーケットに持っていきます。

質問文から答えるべきは by doing so they get a discount for shopping there の部分だとわかります。**この by doing so の指す部分は Some customers take plastic bottles to supermarkets** の take 以下なのでここを -ing 形にして **By taking plastic bottles to supermarkets** とすれば正解です。もしくは Some customers の部分を They に変えて **They take plastic bottles to supermarkets** とすることもできます。

$\boxed{\text{Some customers}}$ take plastic bottles to supermarkets, and by doing so

$\boxed{\text{they}}$ get a discount for shopping there.

└────── = ──────┘

解説 No. 2

━━━━━ ● ━━━━━ 【 解答例 】 ● ━━━━━

（1人目）A boy is talking on the phone.
（2人目）A girl is listening to music.
（3人目）Two men are shaking hands.
（4人目）A woman is counting money.
（5人目）A man is trying on a hat.

日本語訳

（1人目）男の子は電話で話しているところです。
（2人目）女の子は音楽を聴いているところです。
（3人目）2人の男性は握手をしているところです。
（4人目）女性はお金を数えているところです。
（5人目）男性は帽子を試着しているところです。

（1人目）左上の男の子は電話で話しているのでそれを描写します。phoneの部分はcellphone, mobile phone「携帯電話」・smartphone「スマートフォン」としても大丈夫です。
（2人目）真ん中上の女の子は音楽を聴いています。「座っている」などと描写しないように気をつけましょう。
（3人目）右の男性2人は握手をしています。handsと複数形にするのを忘れないようにしましょう。
（4人目）左の女性はお金を数えています。countはなかなか頭に浮かびにくい単語なので要注意です。
（5人目）下の男性は試着しているのでtry on「～を試着する」を使いましょう。is putting on「かぶっている最中だ」でも大丈夫です。is wearing「かぶっている状態だ」としないことが大事です。

解説 No. 3

━━━━━ ● ━━━━━ 【 解答例 】 ● ━━━━━

He's buying strawberries because he wants to make a
cake with them.
He's buying strawberries because he is going to put them on a
cake.
He's thinking of putting strawberries on a cake, so he's buying
them.

□ shake hands「握手する」
□ try on「～を試着する」

Theme
8

□ strawberry「イチゴ」

日本語訳

彼はイチゴを買っています。なぜならそれらを使ってケーキを作りたいからです。

彼はイチゴを買っています。なぜなら彼はそれらをケーキの上にのせるつもりだからです。

彼はイチゴをケーキの上にのせたいと思っているので、それらを買っています。

男性がイチゴを買っている場面です。吹き出しからケーキの上にのせたいということがわかります。よって、**so**や**because**を使って因果関係を表し、***be* going to *do***「〜したい」、***be* going to *do***「〜するつもりだ」、***be* thinking of *doing***「〜しようと思っている」などを使い、吹き出しの中を表しましょう。他にも***be* planning to *do***「〜する予定だ」なども使えます。

解説　No. 4

◆━━━◆【 解答例 】◆━━━◆

Yes. → Why?
Computer skills are important for their future. So they should become good at using computers when they are still young.

No. → Why not?
They can learn how to use computers at home. There are many websites which explain how to use them.

□ ***be* good at ～**「〜が得意だ」
□ **become good at ～**「〜が得意になる」
□ **still**「まだ」
□ **website**「ウェブサイト」

日本語訳

はい。コンピュータの技術は将来のために重要です。だから彼らはまだ若いうちに使いこなせるようになっておくべきです。

いいえ。彼らは家でコンピュータの使い方を習うことができます。使い方を教えてくれるウェブサイトがたくさんあります。

質問は、生徒たちがコンピュータを学校で使用する時間を増やすべきかというものです。

Yesで答える解答は、コンピュータの技術は大事だという理由を述べ、若いうちから得意になっておくべきだという意見を加えています。アイディアが浮かばないときはこの「〜するべきだ」が役に立ちます。

Noで答える解答は、コンピュータの使い方は家で学べるという理由を述べ、多くのウェブサイトがあるという具体例を述べています。この「家でもできる」という理由は応用が利くのでぜひ覚えておきましょう。

こういった「生徒は / 親は / 子どもは〜すべきだと思いますか」という質問は頻出です。

その他のアイディアは以下のようなものが考えられます。

【Yesで答える場合】
・Some students may not have computers at home.
「家にコンピュータがない生徒もいるかもしれません」

つまり、学校で学ぶしかないということですね。

・They may have to share a computer with others at home.
「彼らは家ではコンピュータを他の人と共有しなければならないかもしれません」

【Noで答える場合】

・They can use computers at home.
「彼らは家でコンピュータを使うことができます」

・They should focus more on other subjects.
「彼らは他の教科にもっと集中するべきです」

解説 **No. 5**

━━━━━━ 【 解答例 】 ━━━━━━

Yes. → Please tell me more.
I like to see nature. Also, it's a good exercise.

No. → Why not?
I am an indoor person. I prefer to play online games at home.

日本語訳

はい。自然を見るのが好きです。また、いい運動になります。

いいえ。私はインドア派です。家でオンラインゲームをする方が好きです。

ハイキングが好きかを尋ねられている問題です。最初の導入文が聞こえていなくても最後の質問さえ聞こえれば答えられる問題です。
Yesで答える場合の解答例は、自然を見るのが好きだという1つ目の理由を述べ、その後に良い運動になると2つ目の理由を述べて答えています。
Noで答える場合の解答例は、インドア派であるという理由と、ゲームを家でする方が良いと自分の好みを述べています。

その他のアイディアとしては以下が挙げられます。

・It's chcap to go hiking.
「ハイキングに行くのは安いです」
お金は理由に使いやすいですね。

・We sometimes aren't able to go because of weather conditions.
「天候状況により、行けないこともあります」

vocabulary

□ **share** *A* **with** *B* 「AをB
と共有する」

□ **focus on** ～「～に集中する」

□ **enjoy** *do*ing 「～するのを
楽しむ」
□ **free time** 「自由時間」
□ **nature** 「自然」
□ **exercise** 「運動」
□ **indoor** 「インドアの」
□ **person** 「人」
□ **prefer to** *do* 「～する方を
好む」

□ **go hiking** 「ハイキングに
行く」

□ **because of** ～「～が原因
で」
□ **condition** 「状況」

でき具合はどうでしたか？
不安な設問はしっかり復習
しておきましょう。

85

Column

　ライティングやスピーキングを苦手とする受験者は多いのですが、実はこの2つは得点源にできるパートです。ライティングやスピーキングを得点源にするためには、ライティングの模範解答、もしくは学校の先生などに添削してもらった解答を自然に覚えられるくらいまで音読しましょう。ライティングは「書いて、解答をチェックして終わり」にしてしまうともったいないです。

　ライティングの表現はスピーキングに応用できるものもたくさんあります。ライティングの解答を覚えてしまうくらいまで音読することで、スピーキング対策にもなります。

　スピーキングに関しては、この問題集で答え方のポイントをおさえたあとは、学校の先生やALTの先生にお願いして、ぜひ練習させてもらいましょう。学校以外では手軽に始められるオンラインの英会話もありますので、そういったものを利用するのも良いと思います。

　また、英検準2級に合格する訓練としてライティングやスピーキングの対策をするというのも良いですが、語学の本質はとても楽しいものです。英語を通して海外の人たちとコミュニケーションをとることは自分の世界を広げることです。ですので、「英検の対策だから」といやいや勉強するのではなく、少し遠くを見て、将来を見すえて楽しみながら勉強すると良いと思います。

　英語を使って、海外の人たちとお互いの趣味や、文化、また政治、経済についても語り合える将来はとても楽しいですよ。せっかく英語を勉強するなら楽しみながら勉強しましょう！

Chapter
3

聞

Listening

● ポイント解説
● トレーニング問題

会話の応答文選択問題をおさえよう！

Point① 準2級の会話の応答文選択問題はどんな問題？

○2人の会話を聞き、最後の発言に対する応答として最も適切なものを選ぶ問題。

例 *A* : You look tired.
　B : I didn't sleep at all yesterday.
　A : Why?
　B : (□□□□□□)

のような会話をWhy?まで聞き、最後の空所にあてはまる応答文を選択肢から選ぶ問題です。この場合なら、

I played video games all night. （私は一晩中テレビゲームをしました）
I studied hard for today's tests. （私は今日のテストのために一生懸命勉強しました）

のような選択肢があれば、それを選びます。

○問題数：10問
○放送回数：1回
○問題文・選択肢ともに問題用紙に書かれていないため、すべて聞き取る必要があります。

Point② 準2級の会話の応答文選択問題の攻略方法とは？

○会話の状況を理解する

　会話の応答文選択問題に答える上での大前提は、会話で使われている単語や表現から、その**会話の状況を理解する**ことです。その上で、**放送される最後の英文をしっかり聞き取る**ことが大切です。リスニング第1部でよく出題される最後の発言の種類は、基本的に2つです。

Key

> **第1部の最後の発言のパターン**
>
> ①疑問詞から始まる質問
>
> ②質問ではない文（平叙文）

①では**文頭の疑問詞を聞き取る**ことが最大のポイントですので、聞き逃さないようにしましょう。
②では**代名詞が指しているもの**に気づくことがポイントです。

それでは、早速、2問の例題に取り組んでみましょう。

【 例題 1　疑問詞から始まる質問 】

（※問題文・選択肢ともに問題用紙には書かれていません。音声を聞き、最後の発言に対する応答として最も適切なものを選びましょう。）

(2023年度第1回 (1))

放送された英文

☆Welcome to HomeWorld. Can I help you?

★Hello. I have a fence around my garden that I'd like to paint.

☆Let me show you where our paints are. What color do you need?

★1 It's made out of wood.

★2 I really love gardening.

★3 I want something bright.

*本書の星印は、「☆＝女性1人目」「★＝男性1人目」「☆☆＝女性2人目」を表します。

解説

冒頭の女性と男性のやりとりである、

☆Welcome to HomeWorld. Can I help you? （HomeWorldへようこそ。何かご用ですか）

★Hello. I have a fence around my garden that I'd like to paint. （こんにちは。庭の周りに柵があり、ペンキを塗りたいのですが）

から、女性が店員で、男性がペンキを探している客であることがわかります。女性の最後の発言はWhat color do you need? （何色が必要ですか）なので、応答としては「色」を答えれば良いとわかります。したがって答えは **3** の I want something bright. （私は明るいものが欲しいです）です。会話の最後の発言が疑問詞から始まる問題は、何を答えるかを判断しやすい問題です。そのため、正解できる可能性が比較的高いので、確実に正解しましょう。

他の選択肢についてですが、**1** It's made out of wood. （それは木製です）の It は fence のことですが、材質を尋ねられているのではないので不適切です。**2** の I really love gardening. （私はガーデニングが大好きなんです）はガーデニングに関する内容から連想されるひっかけの選択肢です。

解答　3

日本語訳

☆ホームワールドへようこそ。何かご用ですか？

★こんにちは。庭の周りに柵があり、ペンキを塗りたいのですが。

☆ペンキの場所をご案内しましょう。何色が必要ですか？

★1 それは木製です。

★2 私はガーデニングが大好きなんです。

★3 私は明るいものが欲しいです。

【 例題 2　質問ではない文 】

（※問題文・選択肢ともに問題用紙には書かれていません。音声を聞き、最後の発言に対する応答として最も適切なものを選びましょう）

(2021年度第3回（5）)

▶ 放送された英文

★Hi, Cathy. I'm on my way to your house, but I think I'm lost.
☆Where are you?
★I'm in front of Good Foods Supermarket.
☆1 Great. Thanks for the map.
☆2 No. I don't need anything.
☆3 Wait there. I'll come and get you.

解説

最初の男性の発言から、彼は女性の家に向かう途中で道に迷って電話をかけている状況だとわかります。女性はWhere are you?（今どこにいるの？）と場所を尋ねています。男性は最後の発言でI'm in front of Good Foods Supermarket.と自分の居場所を伝えています。それを受けて、Wait there. I'll come and get you.（そこで待っていて。迎えに行くよ）と、男性と合流するための具体的な指示を出している**3**が正解です。この**there**はin front of Good Foods Supermarketを指しています。

it / they / this / that / these / thoseなどの代名詞、**here / there**などの副詞は質問と関わることがとても多いので、それぞれが指しているものをしっかりと理解するようにしましょう。

1は話に登場していないmap（地図）に感謝するのが不自然なので不正解。**2**はI don't need anything.（何もいらない）が話の趣旨に合わないので不正解です。

解答 3

日本語訳

★やあ、キャシー。君の家に行く途中なんだけど、道に迷っちゃったと思う。
☆今どこにいるの？
★グッド・フーズ・スーパーマーケットの前にいるよ。
☆1 いいね。地図をありがとう。
☆2 いや。何もいらないよ。
☆3 そこで待っていて。迎えに行くよ。

このように、リスニング第1部の問題では、まず**会話の状況を理解する**ことが大切です。その上で、**最後の発言の文頭の疑問詞をきちんと聞き取ることや、代名詞を理解することで得点を高める**ことができます。

Theme 9 トレーニング問題

リスニング第1部の問題にチャレンジしてみましょう。
音声は1回だけ読まれます。
最後の発言に対する応答として最も適切な選択肢を選びましょう。

□(1)	(2023年度第1回(10))	Track 29
□(2)	(2021年度第1回(5))	Track 30
□(3)	(2021年度第1回(4))	Track 31
□(4)	(2021年度第1回(2))	Track 32
□(5)	(2022年度第1回(8))	Track 33
□(6)	(2022年度第3回(7))	Track 34
□(7)	(2023年度第1回(2))	Track 35
□(8)	(2021年度第1回(1))	Track 36
□(9)	(2022年度第3回(10))	Track 37
□(10)	(2022年度第1回(10))	Track 38

(1) 解答 **3**

▶ 放送された英文

★Wow! That smells good. What are you cooking, honey?
☆I'm making a new recipe. I think I put in too much salt, though. Here, try some.
★It's delicious. What's in the sauce?
☆1 There are leftovers in the refrigerator.
☆2 It's an easy recipe to make.
☆3 **White wine and garlic.**

日本語訳 ★わお！　いい匂いだ。何を作っているんだい、ハニー？
☆新しいレシピを作っているのよ。でも塩を入れすぎたと思うの。ほら、味見してみて。
★おいしいよ。ソースには何が入っているんだい？
☆1 冷蔵庫の中に食べ残しがあるわ。
☆2 作るのが簡単なレシピよ。
☆3 白ワインとニンニクよ。

解説 男性が、女性が作っている料理に興味を持っているという状況です。女性の発言にある try some の some は作っている料理を指しており、男性に味見することを促しています。男性は最後の発言で What's in the sauce?（ソースには何が入っているんだい？）と料理に使った材料を確認しており、それに対して White wine and garlic.（白ワインとニンニクよ）と返答した **3** が正解です。1、2 はどちらも材料を聞いている男性の発言に対する応答としては不適切です。

(2) 解答 **3**

▶ 放送された英文

★Welcome to Smith's Vegetables. Are you looking for something?
☆Yes. I need two big pumpkins, some potatoes, and some onions.
★We have fresh onions and potatoes, but no pumpkins.
☆1 I see. I'll go home to get more money, then.
☆2 I see. I'll tell you when they arrive, then.
☆3 **I see. I'll take what you've got, then.**

日本語訳 ★スミス・ベジタブルにようこそ。何かお探しですか？
☆はい。大きいカボチャを2つと、ジャガイモとタマネギがいくつか必要なんです。
★新鮮なタマネギとジャガイモはありますが、カボチャはありません。
☆1 わかりました。では、もっとお金を取りに家に行きます。
☆2 わかりました。では、それらが到着したらお伝えします。
☆3 わかりました。では、お店にあるものをいただきます。

解説 男性の最初の発言 Welcome to Smith's Vegetables. Are you looking for something?（スミス・ベジタブルにようこそ。何かお探しですか？）から、男性は八百屋の店員、女性は客だとわかります。女性は I need...（…が必要なんです）と買いたい野菜を伝えて、男性は We have ~, but no...（~はありますが、…はありません）と店の品揃えについて答えています。応答としては、購入について述べている **3** の I see. I'll take what you've got, then.（わかりました。では、お店にあるものをいただきます）が適切です。よって **3** が正解です。
1 の get more money（もっとお金を持ってくる）や **2** の when they arrive（それらが到着したら）は会話の流れに合いません。**2** についてはむしろ店員側が言う発言で、they が指すものも不明瞭です。

(3) 解答 **1**

▶ 放送された英文

☆I heard our office is getting new computers next week.
★Really? I'm so happy. Mine is very slow.
☆Mine, too. How long have you been using yours?
★1 **Let's see. It must be five years now.**
★2 Well, it takes about five minutes.
★3 Actually, I like its size.

日本語訳　☆来週私たちのオフィスに新しいコンピューターが入るらしいわね。
　★本当？　うれしいな。僕のはとても遅いんだ。
　☆私のもよ。あなたはどれくらいの間自分のコンピューターを使っているの？
　★1 えっと。もう5年になるに違いない。
　★2 えっと、5分ほどかかるな。
　★3 実はそのサイズが好きなんだ。

解説　女性の最初の発言 I heard our office is getting new computers next week.（来週私たちのオフィスに新しいコンピューターが入るらしいわね）から、女性と男性は同じ職場の同僚で、職場のコンピューターについて話している状況だとわかります。男性の Mine is very slow. の Mine（僕のもの）は、その男性自身のコンピューターを指しており、男性のコンピューターの普段の動作が遅いことがわかります。それに続く女性の Mine, too. の Mine はその女性自身のコンピューターを指すので、女性のコンピューターの動作も遅いことがわかります。女性の最後の発言は How long have you been using yours? で、この yours（あなたのもの）は男性のコンピューターを指しています。つまり女性はここで、男性が自分のコンピューターをどれくらい使っているのかを尋ねています。これに対する応答としてふさわしいのは It must be five years now.（もう5年になるに違いない）と答えている1です。
2の it takes about five minutes（5分ほどかかるな）も時間に関する選択肢ですが、所要時間を答えているので、女性の質問に対しては不適切です。3の its はコンピューターを指しますが、ここではコンピューターのサイズの話はしていません。

(4)　**解答**　3

放送された英文
★Hello. Columbus Police Department.
☆Hi. I found a wallet. Can you tell me what to do?
★Yes. But first, please tell me where you found it.
☆1 It was at 9 a.m.
☆2 It has a flower design on it.
☆3 It was behind my school.

日本語訳　★こんにちは。コロンバス市警です。
　☆こんにちは。財布を見つけました。どうすればよいか教えてくれますか？
　★はい。しかしまずは、どこでそれを見つけたのか教えてください。
　☆1 午前9時でした。
　☆2 花の模様がついています。
　☆3 学校の裏にありました。

解説　男性の最初の発言 Columbus Police Department.（コロンバス市警です）とそれに対する女性の発言 I found a wallet.（財布を見つけました）から、財布を拾った一般人が警察に電話している状況だとわかります。男性は please tell me where you found it（どこでそれを見つけたのか教えてください）と述べています。これに対する応答として最も適切なのは、場所を答えている3の It was behind my school.（学校の裏にありました）なので、3が正解です。It は女性が見つけた財布を指しています。
1は時間、2は見た目を答えているので、where という疑問詞を使って場所の情報を求める発言に対する応答としては適切ではありません。

(5)　**解答**　2

放送された英文
☆You look really sleepy this morning, Joe.
★I am, Cindy. I stayed up late to watch the football game on TV. It finished at 1 a.m.
☆Oh, really? Was it a good game?
★1 Well, it was canceled.
★2 Yeah, it was exciting.
★3 No, it was expensive.

日本語訳　☆ジョー、今朝はとても眠そうね。
　★そうなんだ、シンディー。テレビでサッカーの試合を見るために遅くまで起きていたんだ。それは午前1時に終わったんだ。
　☆あら、本当？　それは良い試合だった？

vocabulary
□actually「実は」
□police department「市警」
□wallet「財布」
□Can you do ～?「～してくれますか」
□what to do「何を～すべきか」
□behind ～「～の裏に、後ろに」
□look「～のように見える」
□stay up late「夜更かしをする」
□football「サッカー」
□game「試合」

★**1** えっと、それは中止されたんだ。
★**2** うん、それはエキサイティングだったよ。
★**3** いいや、それは値段が高かった。

解説 女性がYou look really sleepy this morning, Joe. (ジョー、今朝はとても眠そうね) と、男性を気遣っています。男性は眠い理由について、I stayed up late to watch the football game on TV. (テレビでサッカーの試合を見るために遅くまで起きていたんだ) と説明します。女性の最後の発言はWas it a good game? (それは良い試合だった？) で、このitは男性の発言のthe football gameを指しています。したがって、それに対する男性の返答は、試合が良かったかどうか、という方向性のものだと予想できます。正解は**2**のYeah, it was exciting. ですが、ポイントはitが指すものを理解することです。itは直前の女性の発言にあるit、つまりthe football gameを指しているのでit was excitingは「試合はエキサイティングだった」という意味になります。
1 の「えっと、それ（試合）は中止されたんだ」は男性のIt finished at 1 a.m. (それ（＝サッカーの試合）は午前1時に終わったんだ) という発言と矛盾します。**3** は値段に関する内容で、2人の会話の内容とは関係がありません。

(6) **解答** **2**

放送された英文
★Hello.
☆Hi, Dad, it's me. I'm at the mall, but I lost my bicycle key. Could you come pick me up?
★Sure. Where will you be?
☆**1** I've been here since early afternoon.
☆**2** **I'll wait at the North Entrance.**
☆**3** I looked everywhere for the key.

日本語訳 ★もしもし。
☆もしもしお父さん、私よ。ショッピングモールにいるんだけど、自転車の鍵をなくしてしまったの。車で迎えに来てもらえるかな？
★もちろん。どこにいる？
☆**1** 昼過ぎからずっとここにいるよ。
☆**2** 北口で待っているよ。
☆**3** 鍵をあちこち探したよ。

解説 女性の最初の発言Hi, Dad (もしもしお父さん) から、男性と女性は親子であることがわかります。女性はI lost my bicycle key. Could you come pick me up? (自転車の鍵をなくしてしまったの。車で迎えに来てもらえるかな？) と頼んでおり、男性はSure. (もちろん) と承諾しています。続いてWhere will you be? (どこにいる？) と迎えに行く場所を尋ねています。I'll wait at the North Entrance. (北口で待っているよ) と場所を答えている**2**が正解です。
1 はI've been here (ずっとここにいるよ) と場所に関わる発言をしていますが、hereが指すのはthe mall (ショッピングモール) となります。ショッピングモールにいることは把握しているので、迎えに行く場所を指定する応答としてはかみ合いません。また、willを使った質問に対して完了形で答えており、時制もかみ合いません。**3** は迎えに行く場所を聞かれているのに「鍵をあちこち探したよ」と答えており、応答がかみ合いません。また、過去形で答えており、時制もかみ合いません。

(7) **解答** **2**

放送された英文
☆Baseball again? Can't we watch something else on TV tonight?
★But it's a big game. The Tigers are playing the Giants.
☆Honey, you know I don't like watching sports.
★**1** Sure. I'll tell you when the game starts.
★**2** **OK. I'll watch it on the TV in the kitchen.**
★**3** Well, I'm really happy the Tigers won.

日本語訳 ☆また野球？　今夜はテレビで別のものを見られないの？
★でも、大きな試合なんだ。タイガースとジャイアンツが対戦しているんだ。
☆あなた、私がスポーツを見るのが好きじゃないの知ってるでしょ。
★**1** もちろん。その試合が始まったら教えてあげるよ。
★**2** わかった。キッチンのテレビでそれを見るよ。
★**3** えっと、タイガースが勝って本当にうれしいよ。

解説 どのテレビ番組を見るかについて、女性と男性が言い合いをしている状況です。女性は最初の発言でBaseball again? Can't we watch something else on TV tonight?（また野球？ 今夜はテレビで別のものを見られないの？）と言います。それに対し男性はBut it's a big game. The Tigers are playing the Giants.（でも、大きな試合なんだ。タイガースとジャイアンツが対戦しているんだ）と意見が食い違います。女性は最後にHoney, you know I don't like watching sports.（あなた、私がスポーツを見るのが好きじゃないの知ってるでしょ）と主張しており、正解はそれを受け入れた内容の **2** ですが、ポイントは I'll watch it on the TV in the kitchen. の it が何を指すかを理解することです。it は男性が見たがっている「野球の試合」です。

1「もちろん。その試合が始まったら教えてあげるよ」は野球の試合を見たくないと言っている女性への返答としては不適切です。**3**「えっと、タイガースが勝って本当にうれしいよ」は試合が終わったということが前提となる内容ですが、男性が The Tigers are playing the Giants. と現在進行形の動詞で伝えていることから、試合はまだ終わっていないことがわかります。

---

(8) **解答** 3

放送された英文
☆Welcome back, James. How was your trip to Germany?
★Not so good, actually. I caught a cold there.
☆Oh no. Are you better now?
★**1** Yes. I'll leave tomorrow.
★**2** Yes. I've been there before.
★**3** Yes. I'm perfectly fine.

日本語訳 ☆おかえりなさい、ジェームズ。ドイツの旅はどうだった？
★実は、あまり良くなかったよ。そこで風邪をひいてしまったんだ。
☆あらまあ。今は良くなったの？
★**1** うん。明日出発するよ。
★**2** うん。以前そこに行ったことがあるよ。
★**3** うん。すっかり元気だよ。

解説 女性の最初の発言にあるWelcome back, James. How was your trip to Germany?（おかえりなさい、ジェームズ。ドイツの旅はどうだった？）から、男性が行ってきた旅行が話の中心になりそうだと予想できます。男性はI caught a cold there.（そこで風邪をひいてしまったんだ）と、旅行があまり良くなかったことを述べています。それに対して女性はOh no. Are you better now?（あらまあ。今は良くなったの？）と、男性の体調を気遣っています。自分の体調についてI'm perfectly fine.（すっかり元気だよ）と答えている **3** が正解です。体調について聞いている発言に対し、**1** のI'll leave tomorrow.（明日出発するよ）や **2** のI've been there before.（以前そこに行ったことがあるよ）では会話がかみ合いません。

---

(9) **解答** 3

放送された英文
☆Would you like to see our dessert menu, sir?
★No, thanks. I'm full. Everything was great.
☆How about something to drink, then?
★**1** By credit card, please.
★**2** Just some cake, please.
★**3** I'll have a cup of tea, please.

日本語訳 ☆デザートメニューをご覧になりますか？
★いいえ、結構です。お腹いっぱいです。全部おいしかったです。
☆では、お飲み物はいかがですか？
★**1** クレジットカードでお願いします。
★**2** ケーキだけお願いします。
★**3** 紅茶を一杯いただきます。

解説 女性の最初の発言にあるWould you like to see our dessert menu, sir?（デザートメニューをご覧になりますか？）という表現から、女性はレストランのスタッフ、男性は客だとわかります。男性がデザートメニューを断ったあとに女性がHow about something to drink, then?（では、お飲み物はいかがですか？）と飲み物を勧めます。したがって、男性の返答は飲み物が必要かどうかに関す

vocabulary

□ **welcome back**「おかえりなさい」

□ **actually**「実は」

□ **catch a cold**「風邪をひく」

□ **perfectly**「すっかり、完璧に」

□ **Would you like to** *do* ～?「～したいですか」

□ **～, sir?**「お客様、あなた様（男性への丁寧な呼びかけ）」

□ **No, thanks.**「いいえ、結構です」

□ **full**「お腹がいっぱいの」

□ **How about ～?**「～はどうですか」

□ **credit card**「クレジットカード」

□ **a cup of ～**「一杯の～」

る内容だと予想できるので、「紅茶を一杯いただきます」と言っている **3** が正解です。

1「クレジットカードでお願いします」は支払いの手段に関する内容なので、応答としては不適切。**2**「ケーキだけお願いします」は、男性がデザートメニューを断ったという会話の内容と矛盾します。

----

(10) **解答** **3**

▶放送された英文

★Hi. Do you need any help?

☆Well, I'm looking for some new sunglasses. Are any of these on sale?

★Yes. These are now only $100. Would you like them?

☆**1** No, it's really hot outside today.

☆**2** No, we're going on vacation soon.

☆**3** No, that's still too expensive.

日本語訳　★こんにちは。何かお手伝いしましょうか？

　　　　　☆ええと、新しいサングラスを探しているんです。この中でセールになっているものはありますか？

　　　　　★はい。これは今ならたったの100ドルです。いかがですか？

　　　　　☆**1** いえ、今日は外が本当に暑いです。

　　　　　☆**2** いえ、もうすぐ休暇で出かけます。

　　　　　☆**3** いえ、それでも高すぎます。

解説　男性が最初の発言でDo you need any help?（何かお手伝いしましょうか？）と言い、女性がそれに対してWell, I'm looking for some new sunglasses.（ええと、新しいサングラスを探しているんです）と答えていることから、男性が店員で女性が客であることがわかります。女性がAre any of these on sale?（この中でセールになっているものはありますか？）と尋ねたのに対して、男性は100ドルのものを紹介してWould you like them?（いかがですか？）と提案しています。themは直前のThese（100ドルのサングラス）を指しています。男性の提案に対して、No, that's still too expensive.（いえ、それでも高すぎます）と答えている **3** が正解です。

商品を提案されている状況で、**1** のit's really hot outside（外が本当に暑い）や **2** のwe're going on vacation soon（もうすぐ休暇で出かける）という応答ではかみ合いません。

Theme 10

●ポイント解説

会話の内容一致選択問題をおさえよう！

Point① 準2級の会話の内容一致選択問題はどんな問題？

○2人の会話を聞き、選択肢から会話の内容に合うものとして最も適切なものを選ぶ問題。
○問題数：10問
○放送回数：1回
○会話と質問は放送されますが、選択肢は問題用紙に記載されています。
　会話のあとに質問が読み上げられます。

Point② 準2級の会話の内容一致選択問題の攻略方法とは？

○細部よりも流れを理解

質問はwhy / what / howで始まるものが大半で、細かい内容を問うものではなく、会話の流れを理解していれば解ける問題です。選択肢は放送文の内容を言い換えているものが多いので、その言い換えに気づくことも大切です。

早速、次の2問の例題に取り組んでみましょう。

【 例題 1 】

対話を聞き、その質問に対して最も適切なものを**1**、**2**、**3**、**4**の中から1つ選びなさい。

1 He cannot see the movie he wanted to see.
2 He could not rent a DVD for his grandson.
3 *Bubbles the Dancing Bear* was boring.
4 The Showtime Theater is closing soon.

(2022年度第1回 (15))

▶ 放送された英文

☆Welcome to the Showtime Theater.

★Hi. Are you still showing the movie *Bubbles the Dancing Bear*? I didn't see the title on the sign. My grandson and I would like to see it.

☆Sorry, sir. We stopped showing that movie two weeks ago.

★Oh, that's too bad. I guess we'll have to wait for the DVD.

☆☆Question: Why is the man disappointed?

解説

男性の最初の発言 Are you still showing the movie *Bubbles the Dancing Bear*?（映画「バブルズ・ザ・ダンシング・ベア」はまだ上映していますか？）、My grandson and I would like to see it.（孫と私はそれを見たいのですが）から、話題の中心は、見たい映画を見ることができるかどうか、です。男性が希望する映画を見ることができるかどうかに関して、女性は2回目の発言で、Sorry, sir. We stopped showing that movie two weeks ago.（すみません。その映画は2週間前に上映を終了しました）と言っています。Sorryが聞き取れれば、男性

は見たい映画が見られないことが推測できます。

質問は Why is the man disappointed? (なぜ男性はがっかりしているのか) ですので、選択肢 **1** の **He cannot see the movie he wanted to see.** (彼は見たかった映画を見ることができない) を選びます。正しい選択肢は会話の内容を言い換えていることが多く、その言い換えに気づくことが大切です。

ここでは、

（対話）We stopped showing that movie　→　（選択肢）He cannot see the movie

という言い換えがなされています。また、男性の 2 回目の発言の Oh, that's too bad. が質問では disappointed（がっかりした）に言い換えられていることもおさえておきましょう。

（対話）Oh, that's too bad.　→　（選択肢）disappointed

2 の He could not rent a DVD for his grandson. は、見たいものを見ることができないというこの会話の内容や、登場した DVD という単語から連想されるひっかけ。**3** と **4** は映画のタイトルや映画館の名前から連想されるひっかけですが、会話の内容を聞き取れていないと、that's too bad（残念です）といった否定的な表現が **3** の boring（つまらない）や **4** の closing（閉館する）に関連すると勘違いする可能性が高まります。

解答　1

日本語訳

☆ショータイム・シアターへようこそ。
★映画「バブルズ・ザ・ダンシング・ベア」はまだ上映していますか？　看板にタイトルがありませんでした。孫と私はそれを見たいのですが。
☆すみません。その映画は 2 週間前に上映を終了しました。
★残念です。私たちは DVD を待つしかないですね。
☆☆質問：その男性はなぜがっかりしているのですか。
　　　1 彼は見たかった映画を見ることができない。
　　　2 彼は孫のために DVD を借りることができなかった。
　　　3「バブルズ・ザ・ダンシング・ベア」はつまらなかった。
　　　4 ショータイム・シアターはもうすぐ閉館する。

【 **例題 2** 】

対話を聞き、その質問に対して最も適切なものを **1**、**2**、**3**、**4** の中から 1 つ選びなさい。

1 Write a history report for him.
2 Visit his sister with him.
3 Study for the test alone.
4 Go to a soccer game with him.

（2022 年度第 1 回 (11)）

☆Larry, do you want to study for the history test this afternoon?

★I can't. I have to look after my little sister today.

☆OK. How about tomorrow?

★No, I can't tomorrow, either. I have soccer practice. Maybe we should just study by ourselves.

☆☆Question: What does the boy suggest that the girl do?

解説

質問は、What does the boy suggest that the girl do? (少年は少女に何をするように提案していますか) ですが、このように提案の内容を問う場合は「最後の発言」がヒントになることが多いです。

少年は最後の発言でMaybe we should just study by ourselves. (僕たちは 1 人で勉強するのがよさそうだね) と述べており、「1 人で勉強する」ことを提案しているとわかります。したがって、正解は **3** の Study for the test alone. (1 人でテスト勉強をする) になります。ここでも、大切なのは言い換えに気づくことで、

(対話) **Maybe we should just study by ourselves.**

↓

(選択肢) **Study for the test alone.**

のように、by ourselves → aloneと言い換えられています。

選択肢 **1**、**2**、**4** は history、sister、soccerなど、会話中の表現から連想されるひっかけです。

解答 **3**

日本語訳

☆ラリー、今日の午後に歴史のテスト勉強をしない？

★できないよ。今日は妹の面倒を見なきゃいけないんだ。

☆わかった。明日はどう？

★いや、明日も無理なんだ。サッカーの練習があるから。僕たちは 1 人で勉強するのがよさそうだね。

☆☆質問：少年は少女に何をするように提案していますか。

　　　1 彼のために歴史のレポートを書く。

　　　2 彼と一緒に彼の妹を訪ねる。

　　　3 1 人でテスト勉強をする。

　　　4 一緒にサッカーの試合を見に行く。

Theme
10

質問では会話の中で用いられた単語や表現が言い換えられており、それはパラフレーズと呼ばれます。リスニング第 2 部ではこのパラフレーズに気をつけましょう。

Theme 10 トレーニング問題

リスニング第2部の問題にチャレンジしてみましょう。音声は1回だけ読まれます。対話を聞き、その質問に対して最も適切なものを1、2、3、4の中から1つ選びなさい。

☐ (1)
1 Order a chocolate cake.
2 Sell cakes to Brenda.
3 Go to the bakery.
4 Make a cake himself.

Track 41

（2022年度第2回 (20)）

☐ (2)
1 There is salad for school lunch.
2 The cafeteria serves pizza.
3 Her mother makes burgers for dinner.
4 She has a cooking class.

Track 42

（2022年度第2回 (14)）

☐ (3)
1 Make dinner for Ben.
2 Help her brother.
3 Go to Ben's house.
4 Finish her homework.

Track 43

（2021年度第1回 (13)）

☐ (4)
1 Buy a doll for her friend.
2 Look for another gift.
3 Borrow some money.
4 Go on a long trip.

Track 44

（2022年度第1回 (19)）

☐ (5)
1 He is going to London.
2 He is late for his flight.
3 He wants to change his flight.
4 He lives near the airport.

Track 45

（2021年度第1回 (19)）

☐ (6)
1 By delivering it herself.
2 By regular mail.
3 By overnight delivery.
4 By bicycle delivery.

Track 46

（2021年度第3回 (14)）

☐ (7)
1 She was bitten by insects.
2 She swam in Red Fern Lake.
3 She had a bicycle accident.
4 She fell while hiking.

Track 47

（2021年度第1回 (15)）

☐ (8)
1 Her hair may get wet.
2 Her husband is sick.
3 The party may be canceled.
4 The bus is late.

Track 48

（2021年度第3回 (19)）

☐ (9)
1 She gave him a new guidebook.
2 She bought his plane ticket online.
3 She packed his suitcase for his trip.
4 She reminded him to do something.

Track 49

（2023年度第1回 (16)）

☐ (10)
1 He has to return some clothes.
2 He needs some new shoes.
3 He has to buy a present.
4 He heard about a sale.

Track 50

（2022年度第3回 (17)）

(1) **解答 3**

▶放送された英文

☆Hello. Brenda's Bakery.
★Hi. Do you have any chocolate cakes?
☆I'm sorry, but we're sold out. We have other cakes, though. If you want to order a chocolate cake, we could make one for you by tomorrow.
★No, that's OK. I'll come by your shop and take a look at your other cakes.
☆☆Question: What does the man decide to do?

日本語訳
☆こんにちは。ブレンダズ・ベーカリーです。
★こんにちは、チョコレートケーキはありますか？
☆申し訳ありませんが、売り切れました。他のケーキはありますが。チョコレートケーキの注文をご希望なら、明日までにお作りしますよ。
★いえ、大丈夫です。お店に伺って、他のケーキを見てみます。
☆☆質問：男性はどうすることにしましたか。

選択肢と訳
1 Order a chocolate cake.
2 Sell cakes to Brenda.
3 Go to the bakery.
4 Make a cake himself.

1 チョコレートケーキを注文する。
2 ブレンダにケーキを売る。
3 ベーカリーに行く。
4 自分でケーキを作る。

解説 男性がチョコレートケーキを買うためにベーカリーに電話をかけています。女性は 2 回目の発言で、I'm sorry, but we're sold out. (申し訳ありませんが、売り切れました) と、チョコレートケーキがないことを伝えます。女性は続いて、We have other cakes (他のケーキはあります)、If you want to order a chocolate cake, we could make one for you by tomorrow. (チョコレートケーキの注文をご希望なら、明日までにお作りしますよ) と、他のケーキにするか、チョコレートケーキを待つかの 2 つの選択肢を男性に提示します。質問は What does the man decide to do? (男性はどうすることにしたか) で、男性が、女性が示した 2 つの選択肢のどちらにするかを聞き取ることが重要です。男性は 2 回目の発言で、No, that's OK. (いえ、大丈夫です) と伝えます。この that は直前のチョコレートケーキができるのを待つ、という内容を指しているので、男性は 2 つ目の提案を断っていることになります。男性はさらに I'll come by your shop and take a look at your other cakes. (お店に伺って、他のケーキを見てみます) と続けているので、come by your shop を Go to the bakery. (ベーカリーに行く) と言い換えている **3** が正解です。
1「チョコレートケーキを注文する」は男性が断った内容です。**2**「ブレンダにケーキを売る」は本文中の Brenda's Bakery という店の名前から連想されるひっかけです。**4**「自分でケーキを作る」については述べられていません。

(2) **解答 2**

▶放送された英文

★Excuse me. I'm a new student at this school. Can you tell me where the cafeteria is?
☆Sure. I'll take you, but we have to hurry. It's Wednesday—that's pizza day! It's the only day we get to eat pizza.
★That's great! My old school never served that. It always served burgers, pasta, and salads.
☆We get those, too, but Wednesday is definitely my favorite day of the week.
☆☆Question: Why does the girl like Wednesdays?

日本語訳
★すみません。私はこの学校の新入生です。食堂がどこにあるか教えてくれませんか？
☆もちろんです。連れて行ってあげますが、急がないといけないですよ。今日は水曜日、ピザの日だから！　それはピザを食べられる唯一の日なんです。
★素晴らしい！　僕が前に通っていた学校は一度もそれを出さなかったです。いつもハンバーガーとパスタとサラダでした。
☆それらはここにもありますが、絶対に水曜日が一番好きです。

---

vocabulary

□ **bakery**「ベーカリー、パン屋」

□ *be* **sold out**「売り切れる」

□ **other**「他の」

□ **~, though.**「～だけど」

□ **order**「～を注文する」

□ **that's OK**「大丈夫です」

□ **come by ~**「～に立ち寄る」

□ **take a look at ~**「～を見る」

□ **Excuse me.**「すみません」

□ **cafeteria**「食堂」

□ **Sure.**「もちろん」

□ **hurry**「急ぐ」

□ **never**「一度も～ない」

□ **serve**「～（料理）を出す」

□ **definitely**「絶対に」

☆☆質問：少女はなぜ水曜日が好きなのですか。

選択肢と訳
1 There is salad for school lunch.
2 The cafeteria serves pizza.
3 Her mother makes burgers for dinner.
4 She has a cooking class.

1 給食にサラダがある。
2 食堂でピザを出す。
3 母が夕食にハンバーガーを作る。
4 料理の授業がある。

解説
少年の最初の発言 Excuse me. I'm a new student at this school.（すみません。私はこの学校の新入生です）から、少年は学校の新入生で、少年の Can you tell me where the cafeteria is?（食堂がどこにあるか教えてくれませんか？）に答えている少女はその学校の生徒であることがわかります。質問は Why does the girl like Wednesdays?（少女はなぜ水曜日が好きなのですか）です。少女は最初の発言で It's Wednesday—that's pizza day! It's the only day we get to eat pizza.（今日は水曜日、ピザの日だから！　それはピザを食べられる唯一の日なんです）と食堂でピザが食べられることを少年に伝え、最後の発言で Wednesday is definitely my favorite day of the week（一週間の中で水曜日が絶対に私のお気に入りです）と述べています。したがって、**2** が正解です。放送文では we get to eat pizza と述べられていますが、ここでは主語が The cafeteria（食堂）なので、動詞は serve（〜（食べ物）を出す）となっています。**1** や **3** は会話中の salad（サラダ）や burgers（ハンバーガー）という表現から連想されるひっかけで、**4** の cooking class（料理の授業）については述べられていません。

---

(3) 解答 **3**

▶放送された英文

☆Hello? Maggie speaking.
★Hi, Maggie. It's Ben. Would you like to come over to my house for dinner this weekend?
☆I'd love to. I have to help my brother with his homework on Saturday, but I'm free on Sunday. How about six?
★Great. See you on Sunday, then.
☆☆Question: What will Maggie do on Sunday?

日本語訳
☆もしもし？　マギーよ。
★やあ、マギー。ベンだよ。今週末、僕の家に夕食を食べに来ないかい？
☆もちろんよ。土曜日は弟の宿題を手伝わなきゃいけないんだけど、日曜日は空いてるわ。6時でどう？
★いいね。じゃあ、また日曜日にね。
☆☆質問：マギーは日曜日に何をする予定ですか。

選択肢と訳
1 Make dinner for Ben.
2 Help her brother.
3 Go to Ben's house.
4 Finish her homework.

1 ベンのために夕食を作る。
2 弟を手伝う。
3 ベンの家に行く。
4 自分の宿題を終わらせる。

解説
男性は最初の発言で、Would you like to come over to my house for dinner this weekend?（今週末、僕の家に夕食を食べに来ないかい？）と誘っています。その誘いに対して女性は I'd love to. と返答しています。to の後ろには、ベンの家に夕食を食べに行く、という直前で男性が提案した内容が省略されており、女性は男性の誘いに応じていることになります。また、女性は2回目の発言で I have to help my brother with his homework on Saturday, but I'm free on Sunday.（土曜日は弟の宿題を手伝わなきゃいけないんだけど、日曜日は空いてるわ）と伝えているので、ベンの家に行くのは日曜日です。質問は What will Maggie do on Sunday?（マギーは日曜日に何をする予定か）なので、正解は **3** です。

□〜 speaking.「（電話の表現）〜が話しています」

□**Would you like to *do* 〜 ?**「〜しませんか？」

□**come over to 〜**「〜に来る」

□**I'd love to.**「是非〜したい」

□**help *A* with *B***「AのBを手伝う」

□***be* free**「暇である」

□**How about 〜 ?**「〜はどうですか？」

□**finish**「〜を終わらせる」

1「ベンのために夕食を作る」は、マギーは夕食に誘われている側で、作る側ではないため不正解。**2**「弟を手伝う」は本文で述べられていますが、これは土曜日の予定のことです。**4** は本文中のhomeworkという単語から連想されるひっかけ。

(4) 解答 **1**

▶放送された英文

☆Dad, look at this pretty doll. I want to get it as a gift for my friend.
★Jenny, it's still the beginning of the trip. If you use all your money now, you won't be able to buy anything later.
☆I know, but I think my friend will really like it.
★OK.
☆☆Question: What does the girl want to do?

日本語訳　☆お父さん、このかわいい人形を見て。友達へのプレゼントとして買いたいな。
　　　　　★ジェニー、まだ旅の始まりだよ。今、お金を全部使ったら、あとで何も買えなくなるよ。
　　　　　☆わかってるけど、友達は本当に気に入ってくれると思うんだ。
　　　　　★わかった。
　　　　　☆☆質問：少女は何をしたがっていますか。

選択肢と訳　**1 Buy a doll for her friend.**
　　　　　2 Look for another gift.
　　　　　3 Borrow some money.
　　　　　4 Go on a long trip.

　　　　　1 友達に人形を買う。
　　　　　2 別のプレゼントを探す。
　　　　　3 いくらかお金を借りる。
　　　　　4 長旅に出る。

解説　少女の最初の発言にDad（お父さん）という呼びかけがあることから、父と娘の会話であるとわかります。質問はWhat does the girl want to do?（少女は何をしたがっていますか）です。少女は最初の発言の続きでlook at this pretty doll. I want to get it as a gift for my friend.（このかわいい人形を見て。友達へのプレゼントとして買いたいな）と述べています。itはthis pretty dollを指しています。したがって、getをbuyと言い換えた **1** が正解です。
2 のgiftという語は会話で使われていますが、「人形とは別の」プレゼントについては述べられていません。**3** は会話中のmoneyやwon't be able to buy（買うことができない）という表現から連想されるひっかけです。**4** のtripという語は会話で使われていますが、「長旅に出る」については述べられていません。

(5) 解答 **1**

▶放送された英文

☆This is Alpine Airways.
★Hello. I want to check if my plane will leave on time today. It's the flight to London at noon.
☆Let me check, sir. Yes, your flight will leave on time. Please come to the airport by ten o'clock.
★OK. Thank you.
☆☆ Question: What is one thing we learn about the man?

日本語訳　☆アルペン航空です。
　　　　　★こんにちは。今日、自分が乗る飛行機が時間通りに出発するかどうか確認したいのですが。正午のロンドン行きのフライトです。
　　　　　☆確認させてください。はい、あなたのフライトは時間通りに出発いたします。10時までに空港に来てください。
　　　　　★わかりました。ありがとうございます。
　　　　　☆☆質問：その男性についてわかることは何ですか。

選択肢と訳　**1 He is going to London.**
　　　　　2 He is late for his flight.
　　　　　3 He wants to change his flight.
　　　　　4 He lives near the airport.

□ **still**「まだ」
□ **be able to do** 〜「〜することができる」
□ **borrow**「〜を借りる」

□ **check if** 〜「〜かどうか確認する」
□ **plane**「飛行機」
□ **leave**「出発する」
□ **on time**「時間通りに」
□ **flight**「フライト」
□ **noon**「正午」
□ **let A do** 〜「Aに〜させる」
□ **airport**「空港」
□ **by**「〜までに」

Theme
10

1 ロンドンに行く予定だ。
2 自分のフライトに遅れた。
3 自分のフライトを変更したい。
4 空港の近くに住んでいる。

解説 男性の最初の Hello. I want to check if my plane will leave on time today. (こんにちは。今日、自分が乗る飛行機が時間通りに出発するかどうか確認したいのですが) という問い合わせ内容から、女性は航空会社の職員で、男性は客だとわかります。男性が確認しているのは、自分のフライトが予定通りに出発するかどうかです。女性はそれに対し your flight will leave on time (あなたのフライトは時間通りに出発いたします) と伝えています。質問は What is one thing we learn about the man? (その男性についてわかることは何か)。男性の最初の発言 It's the flight to London at noon. (正午のロンドン行きのフライトです) の It は直前の my plane (自分が乗る飛行機) を指します。したがって目的地はロンドンであることがわかるので、そのことを He is going to London. (ロンドンに行く予定だ) と言い換えている **1** が正解です。ちなみに、この選択肢の is going は現在進行形ですが、確定した未来を現在進行形で表すことができます。

2 と **3** は本文中の flight という単語から連想されるひっかけです。**4** に関しては述べられていません。

---

(6) **解答** **4**

▶ **放送された英文**

★Maria, do you think the post office can deliver this package to Mr. Allan by tomorrow?

☆Yeah, but it costs a lot of money for overnight delivery.

★Oh, what about the Speedy Express delivery service?

☆I don't recommend it. They lost one of my packages. I always send packages by bicycle delivery. It's cheap, and your package will be delivered right away.

☆☆Question: How does the woman usually send packages?

日本語訳 ★マリア、明日までに郵便局がこの荷物をアランさんに届けられると思う?

☆ええ、でも翌日配達はかなりのお金がかかるわ。

★ああ、スピーディーエクスプレスの配達サービスはどうかな?

☆お勧めしないわ。それで私の荷物の1つがなくなったの。私はいつも自転車便で荷物を送っているわ。安いし、荷物はすぐに届けてくれるから。

☆☆質問:女性はたいていどうやって荷物を送っていますか。

選択肢と訳 **1** By delivering it herself.
2 By regular mail.
3 By overnight delivery.
4 By bicycle delivery.

1 自分で配達することによって。
2 普通郵便で。
3 翌日配達で。
4 自転車便で。

解説 男性の最初の発言の deliver this package (この荷物を配達する) や続く女性の発言の overnight delivery (翌日配達) から、荷物の配達についての会話だとわかります。質問は How does the woman usually send packages? (女性はたいていどうやって荷物を送っていますか) です。解答根拠は女性の2回目の発言 I always send packages by bicycle delivery. (私はいつも自転車便で荷物を送っているわ) です。したがって、**4** が正解です。放送文の always が質問では usually と言い換えられています。

1 の「自分で配達すること」や **2** の「普通郵便」については述べられていません。**3** の overnight delivery (翌日配達) については言及がありますが、女性がいつも使っている方法ではないので不正解です。

(7) 解答 1

▶放送された英文

★Oh, what happened? What are those red spots on your legs?
☆They're from insect bites. It happened while I was camping with my father at Red Fern Lake.
★They look like they hurt. Have you seen a doctor?
☆Actually, they don't hurt at all. My doctor gave me some special cream to put on them. They should be better soon.
☆☆ Question: How did the girl get red spots on her legs?

日本語訳 ★あら、どうしたの？　脚にある赤い斑点は何ですか？
☆それらは虫刺されです。父とレッド・ファーン湖でキャンプをしていたときにできたんです。
★痛そうですね。お医者さんに診てもらったの？
☆実は全然痛くないんです。お医者さんがそれに塗るための特別なクリームをくれたの。すぐに良くなるはずです。
☆☆質問：女の子はどうやって脚に赤い斑点ができたのですか？

選択肢と訳 1 She was bitten by insects.
2 She swam in Red Fern Lake.
3 She had a bicycle accident.
4 She fell while hiking.

1 虫に刺された。
2 レッド・ファーン湖で泳いだ。
3 自転車の事故に遭った。
4 ハイキング中に転んだ。

解説 女の子の脚にできたred spots（赤い斑点）が会話の中心で、質問はHow did the girl get red spots on her legs?（女の子はどうやって脚に赤い斑点ができたのか）です。女の子は最初の発言でThey're from insect bites.（それらは虫刺されです）と答えており、このTheyはred spotsを指しているので、赤い斑点の原因は虫刺されです。したがって、1「虫に刺された」が正解です。ちなみに、男性の2回目の発言にはthey、女性の2回目の発言にはtheyとthemがありますが、それらの代名詞はすべてred spots（赤い斑点）を指しています。
2「レッド・ファーン湖で泳いだ」は、彼女が訪れたRed Fern Lakeから連想されるひっかけですが、そこで泳いだかどうかは述べられていません。3「自転車の事故に遭った」、4「ハイキング中に転んだ」については述べられておらず、脚にできた赤い斑点の原因という会話の内容から連想されるひっかけです。

(8) 解答 1

▶放送された英文

★Honey, look. It has started raining hard—just when we're about to leave for the party.
☆Oh no. I hope my hair doesn't get wet. I just finished drying it.
★Yeah. Anyway, we should go to the bus stop soon.
☆We still have a few minutes. Let's wait and see if the rain stops.
☆☆ Question: Why is the woman worried?

日本語訳 ★ねえ、見て。雨が激しく降り始めたよ。まさにちょうどパーティーに向かおうとしているときに。
☆あらまあ。髪が濡れないといいな。ちょうど今乾かし終わったの。
★ああ。とにかく、すぐにバス停に行かないとね。
☆まだ数分あるわ。待って雨がやむかどうか確かめてみましょう。
☆☆質問：女性はなぜ心配していますか。

選択肢と訳 1 Her hair may get wet.
2 Her husband is sick.
3 The party may be canceled.
4 The bus is late.

1 髪が濡れるかもしれない。
2 夫の体調が悪い。
3 パーティーが中止されるかもしれない。
4 バスが遅れている。

vocabulary

□ happen「起こる」
□ spot「斑点」
□ leg「脚」
□ insect bite「虫刺され」
□ while「～する間」
□ look like ～「～のように見える」
□ hurt「痛む」
□ see a doctor「医者に診てもらう」
□ actually「実は」
□ not ～ at all「全く～ない」
□ special「特別な」
□ cream「軟膏、クリーム」
□ put A on B「A（薬など）をBに塗る」

□ hard「激しく」
□ be about to do ～「まさに～しようとしているところだ」
□ leave for ～「～に向かって出発する」
□ get wet「濡れる」
□ anyway「とにかく」
□ bus stop「バス停」
□ still「まだ」
□ a few ～「数～、2、3の～」
□ see if ～「～かどうか確かめる」
□ worried「心配している」
□ cancel「～を中止する」

解説 男性の最初の発言 Honey, look. It has started raining hard（ねえ、見て。雨が激しく降り始めたよ）から、悪い天気に関する話だと予想できます。質問は Why is the woman worried?（女性はなぜ心配していますか）です。女性の最初の発言 Oh no. I hope my hair doesn't get wet.（あらまあ。髪が濡れないといいな）から、正解は **1** です。

2 の「夫の体調」や **3** の「パーティーの中止」については述べられていません。**4** については、女性の 2 回目の発言でバスについて We still have a few minutes.（まだ数分あるわ）とありますが、バスが遅れているとは述べられていないので不正解です。

(9) **解答** 4

放送された英文

☆ Hello, George. Are you ready for your trip?
★ Yes, Brittany. I have my new guidebook, my suitcase is packed, and I just bought my plane ticket online.
☆ How about your hotel reservation?
★ Oh no! I guess I did forget something. I'll make it now.
☆☆ Question: How did the woman help the man?

日本語訳

☆ こんにちは、ジョージ。あなたの旅の準備はできた？
★ うん、ブリタニー。新しいガイドブックも持っているし、スーツケースに荷造りをした。そして、飛行機のチケットをオンラインで買ったところだよ。
☆ ホテルの予約はどう？
★ しまった、何かを忘れていたようだ。今それをするよ。
☆☆ 質問：女性はどのように男性を助けましたか。

選択肢と訳

1 She gave him a new guidebook.
2 She bought his plane ticket online.
3 She packed his suitcase for his trip.
4 She reminded him to do something.

1 彼女は彼に新しいガイドブックをあげた。
2 彼女は彼の飛行機のチケットをオンラインで買った。
3 彼女は旅のために彼のスーツケースに荷造りをした。
4 彼女は彼に何かをするように思い出させた。

解説 女性と男性が旅行の準備について話している状況で、女性の最初の発言 Are you ready for your trip?（あなたの旅の準備はできた？）から、男性が旅行に行くことがわかります。質問は How did the woman help the man?（女性はどのように男性を助けたか）。女性の発言は 2 回とも Are you ready for your trip? や How about your hotel reservation?（ホテルの予約はどう？）と、旅行の準備に対する確認だけなので、それらが男性にどう役に立ったかを聞き取れていることが大切です。女性の How about your hotel reservation? に対して男性は Oh no! I guess I did forget something. I'll make it now.（しまった、何かを忘れていたようだ。今それをするよ）と答えています。このやりとりから男性はホテルの予約をし忘れており、女性がそのことを思い出させたので、その状況を reminded him to do something（彼に何かをするように思い出させた）と言い換えている **4** が正解です。ちなみに男性の最後の発言の I'll make it now の it は直前の女性の発言の reservation（予約）を指します。「予約をする」は英語で make a reservation というので、今回はそれが make it の形になっています。

1「彼に新しいガイドブックをあげた」は guidebook から連想されるひっかけ。**2**「飛行機のチケットをオンラインで買った」、**3**「スーツケースに荷造りをした」はそれぞれ彼が自分で行ったことなので不正解です。

(10) **解答** 2

放送された英文

☆ Welcome to Lee's Department Store, sir. Can I help you find anything?
★ Yes, I'm looking for a new pair of sneakers.
☆ The shoe department is on the second floor. Take the elevator upstairs, and you'll see it on your left.
★ OK. Thank you for your help.

vocabulary

□ *be* **ready for** ～「～の準備ができている」
□ **guidebook**「ガイドブック」
□ **suitcase**「スーツケース」
□ **pack**「～に荷物を入れる」
□ **online**「オンラインで」
□ **How about ～ ?**「～はどうですか？」
□ **reservation**「予約」
□ **guess**「～と思う」
□ **forget**「～を忘れる」
□ **remind** *A* **to** *do* ～「A に～するよう思い出させる」

□ **welcome to ～**「～にようこそ」
□ **department store**「百貨店」

☆☆Question: Why is the man at the department store?

日本語訳　☆リー百貨店にようこそ、お客様。何か探すのをお手伝いしましょうか？
★はい、新しいスニーカーを探しています。
☆靴売り場は2階です。エレベーターで2階に上がれば、左手に見えますよ。
★わかりました。手伝っていただきありがとうございました。
☆☆質問：男性はなぜ百貨店にいるのですか。

選択肢と訳　1 He has to return some clothes.
2 He needs some new shoes.
3 He has to buy a present.
4 He heard about a sale.

1 服を返さなければならない。
2 新しい靴が必要だ。
3 プレゼントを買わなければならない。
4 セールのことを聞いた。

解説　女性の最初の発言 Welcome to Lee's Department Store, sir.（リー百貨店によ
うこそ、お客様）から、女性は店員で、話し相手の男性は客であるとわかります。
質問は Why is the man at the department store?（男性はなぜ百貨店にいるの
ですか）です。女性の Can I help you find anything?（何か探すのをお手伝い
しましょうか？）に対して男性は Yes, I'm looking for a new pair of sneakers.
（はい、新しいスニーカーを探しています）と応答しています。したがって、
look for a new pair of sneakers を needs some new shoes と言い換えた **2** が
正解です。
1 の「服」については述べられていません。**3** の buy a present（プレゼントを
買う）や **4** の a sale（セール）は department store（百貨店）から連想される
ひっかけの選択肢です。

vocabulary

□**sir**「お客様、あなた様（男性への丁寧な呼びかけ）」
□**help A do** ～「Aが～するのを手伝う」
□**look for** ～「～を探す」
□**a pair of** ～「1組の～」
□**upstairs**「上の階へ」
□**return**「～を返す」

Theme 11 ●ポイント解説 文の内容一致選択問題をおさえよう！

Point① 準2級の文の内容一致選択問題はどんな問題？

○50〜70語の短いパッセージを聞き、質問に対する答えとして最も適切なものを選ぶ問題。
○問題数：10問
○放送回数：1回
○問題文・質問は放送され、選択肢のみ問題用紙に記載されています。

Point② 準2級の文の内容一致選択問題の攻略方法とは？

放送される英文のパターンは、主に以下の2つです。

> **Key**
>
> 第3部の出題英文パターン
>
> ①ある人物の日常などに関する英文
> ②自然や、人物以外の文化・歴史などに関する英文

第3部では、問題のパターンにかかわらず、**英文が放送される前に選択肢に目を通しましょう。**そして、**選択肢にある単語や表現から、これから放送される英文の内容を何となく予想しましょう。**そうすることで、より集中して英文を聞くことができます。
例えば、選択肢が

　1 He has not been to Hawaii.
　2 He cannot find his passport.
　3 He arrives in two hours.
　4 He has lost his bag and coat.　　　　　　　　　　　　　　　　（2021年度第3回 (26)）

であれば、**1**のHawaii（ハワイ）、**2**のpassport（パスポート）というような表現から、「旅行、特に海外旅行に関する内容かな？」と予測します。もしくは**2**のcannot find（見つからない）や**4**のhas lost（なくした）から、「旅行先で何かをなくしたのかな？」と予想します。こうした準備をしてから英文を聞くようにしましょう。

また、別の設問において、次のような選択肢であれば、

　1 People can only eat them if they are cooked.
　2 Romans were the first people to eat them.
　3 Scotland produces more than any other country.
　4 They are able to grow well in cold areas.　　　　　　　　　　　（2022年度第3回 (27)）

1のeat them（それらを食べる）やthey are cooked（それらは料理される）、**2**のeat them、**4**のThey are able to grow（それらは育つことができる）から、theyやthemは食べ物を指すと推測できます。また、**3**のScotland produces（スコットランドは生産している）から、スコットランドの生産量が鍵になるのではと予想できます。このような特定の地域の食べ物などを紹介するタイプの英文では、なじみのない固有名詞が冒頭で出てくることが多い（この問題であればoats（オートムギ）という穀物がテーマの文章が放送されます）ですが、その場合はその語句の意味が説明されるので、慌てずにその説明を聞き取ることが大切です。それでは、これから第3部で頻出のパターンの例題に取り組んでみましょう。

【 例題 1　ある人物の日常などに関する英文 】

英文を聞き、その質問に対して最も適切なものを **1**、**2**、**3**、**4** の中から 1 つ選びなさい。

1 An offer is only available for one day.
2 The store will close soon.
3 All goods are only $20 today.
4 Only a few soap and shampoo products are left.

（2022年度第3回（24））

▶ 放送された英文

★Thank you for shopping at Welldays Drugstore. Today, we have a very special offer. Get 50 percent off the cost of soap and shampoo products when you spend more than $20 at the store. Hurry, though — this offer is only available until the store closes today.
☆☆Question: Why are shoppers told to hurry?

解説

薬局での、商品の割引情報のアナウンスです。
割引率は50％で、対象商品や条件は次のように説明されます。

soap and shampoo products：石鹸とシャンプー類の商品が対象
spend more than $20：20ドル以上の購入

そのあとで Hurry, though — this offer is only available until the store closes today. （ですが、お急ぎください。このオファーは本日閉店するまでしかご利用できません）と続けています。this offer とは直前に出てきた50％引きのオファーです。設問は、

Why are shoppers told to hurry?
（買い物客はなぜ急ぐように言われているのか）

なので this offer is only available until the store closes today を An offer is only available for one day.（オファーが1日しか利用できない）と言い換えた **1** が正解となります。

正解を導くポイントとしては放送文中の this offer の内容を理解すること、available until the store closes today を available for one day と言い換えていると気づくことです。**this / these** などが指す内容の理解と言い換えに気づくというのは第2部でも強調したポイントですが、第3部でもしっかりとおさえましょう。**選択肢を先読みし、内容を予想することも忘れないでください。**

解答　**1**

日本語訳

★ウェルデイズ・ドラッグストアをご利用いただき誠にありがとうございます。本日は、とても特別なオファーがあります。お店で20ドル以上でお買い上げいただいた場合、石鹸とシャンプー類の商品が50％割引になります。ですが、お急ぎください。このオファーは本日閉店するまでしかご利用できません。
☆☆質問：買い物客はなぜ急ぐように言われているのですか。
　　　　1 オファーが1日しか利用できない。

2 その店がすぐに閉まる。

3 すべての商品が今日はたった20ドルである。

4 ほんの少しの石鹸やシャンプーの商品しか残されていない。

【 例題2　自然や、人物以外の文化・歴史などに関する英文 】

英文を聞き、その質問に対して最も適切なものを**1**、**2**、**3**、**4**の中から**1**つ選びなさい。

1 At special events.

2 When people felt sick.

3 In the middle of the morning.

4 When people wanted money.

(2022年度第2回 (27))

▶ 放送された英文

☆In the Middle East, there is a sweet dessert called baklava. It is made with a lot of sugar, butter, flour, and nuts. In the past, baklava was eaten at important events. Even today, people in Turkey sometimes say, "I'm not rich enough to eat baklava every day." This saying tells us that baklava was a special treat.

☆☆ Question: When was baklava eaten in the past?

解説

中東のデザート「バクラヴァ」に関する放送文ですが、これはなじみがない固有名詞でしょう。このような場合は直後で詳しく説明されますので（しばしば直前のことも）、慌てずに説明を聞きましょう。

今回の放送文でこれを説明した表現は

1文目：sweet dessert（甘いデザート）

2文目：is made with a lot of sugar, butter, flour, and nuts
　　　　（たくさんの砂糖、バター、小麦粉、ナッツを使って作られる）

3文目：was eaten at important events（重要な行事のときに食べられていた）

5文目：baklava was a special treat（バクラヴァは特別なご馳走だった）

です。

細かいところまですべて聞き取る必要はありませんが、大まかに料理の特徴をおさえておきましょう。

質問は、When was baklava eaten in the past?（昔、バクラヴァはいつ食べられていましたか）です。

解答根拠は3文目のwas eaten at important eventsで、正解は**1**となります。important eventsをspecial eventsと言い換えています。

他の選択肢ですが、**2**の「気分が悪い」、**4**の「お金が欲しい」については述べられていません。**3**は英文中のIn the Middle Eastの一部であるin the middleという表現が使われているものの、of the morning（午前の）という語句とつながるという点で不適切です。また、このように**同じ単語を使った選択肢はひっかけとして出題されることがある**ので、注意しましょう。ひっかけの選択肢を選ばないようにする方法は、英文の概要をしっかりつかんでおくことです。

解答　**1**

日本語訳

☆中東にはバクラヴァという甘いデザートがあります。それはたくさんの砂糖、バター、小麦粉、ナッツを使って作られます。昔は、バクラヴァは重要な行事のときに食べられていました。今日でもトルコの人々は、「バクラヴァを毎日食べられるほど裕福ではない」と言うことがあります。このことわざは、バクラヴァが特別なご馳走だったことを物語っています。

☆☆質問：昔、バクラヴァはいつ食べられていましたか。

　　　　1 特別な行事で。

　　　　2 気分が悪くなったとき。

　　　　3 午前の中ごろ。

　　　　4 お金が欲しいとき。

> 第3部のポイントである、「選択肢を先読みし、英文の内容を予想する」ことを思い出しながらトレーニング問題に取り組みましょう。

トレーニング問題

リスニング第3部の問題にチャレンジしてみましょう。音声は1回だけ読まれます。英文を聞き、その質問に対して最も適切なものを**1**、**2**、**3**、**4**の中から1つ選びなさい。

- ☐ (1)
  1 He played rugby on his school's team.
  2 He played soccer on his father's team.
  3 He went to soccer matches with his mother.
  4 He went to a school with a famous rugby coach.

  (2023年度第1回 (24))

- ☐ (2)
  1 Eat leaves instead of small animals.
  2 Hide inside tall trees.
  3 Make their hearts stop.
  4 Move to warmer areas.

  (2022年度第1回 (22))

- ☐ (3)
  1 Finding an interesting topic.
  2 Asking her brother about science.
  3 Giving a presentation to her class.
  4 Going to school by herself.

  (2022年度第3回 (25))

- ☐ (4)
  1 By looking for a job at another restaurant.
  2 By asking her manager for more money.
  3 By working more often.
  4 By going to bed earlier at night.

  (2021年度第2回 (28))

- ☐ (5)
  1 To eat lunch with her friends.
  2 To run and do exercises.
  3 To see her friend's dog.
  4 To play with her new pet.

  (2022年度第2回 (25))

- ☐ (6)
  1 They had dinner at home.
  2 They made a salad together.
  3 They went to a movie theater.
  4 They enjoyed eating Japanese food.

  (2021年度第1回 (21))

☐ (7)
1 She broke one of her ski poles.
2 She forgot her skis at home.
3 Her friends said it was cool.
4 Her family bought her some lessons.

Track **59**

(2022年度第2回 (26))

☐ (8)
1 To keep his food away from bears.
2 To buy food at the park's café.
3 To take pictures of the bears.
4 To call him before leaving the park.

Track **60**

(2023年度第1回 (21))

☐ (9)
1 They are mainly active at night.
2 They have very large heads.
3 They dry their food in the sun.
4 They dig holes under trees.

Track **61**

(2023年度第1回 (30))

☐ (10)
1 An expert will talk about sharks.
2 An artist will draw pictures of the ocean.
3 The announcer will dress up as a shark.
4 The viewers will discuss ocean swimming.

Track **62**

(2021年度第3回 (29))

ポイント解説で学習したように、音声を
聞く前に選択肢を読んでおきましょう。

(1) **解答** **2**

> ▶ **放送された英文**

★When Isaac was a child, he played soccer on a team that his father coached. In senior high school, he started watching rugby games on TV and learned more about the game. He also studied to become a sports coach in college. Now, Isaac is a coach for a rugby team in his city.

☆☆Question: What did Isaac do when he was a child?

日本語訳 ★アイザックは子どもの頃、父親が指導をしていたチームでサッカーをしていました。高校では彼はテレビでラグビーの試合を見るようになり、ラグビーの試合についてより詳しくなりました。彼は大学ではスポーツのコーチになるための勉強もしました。現在、アイザックは彼の町のラグビーチームのコーチをしています。

☆☆質問：アイザックは子どもの頃何をしていましたか？

選択肢と訳 1 He played rugby on his school's team.
2 He played soccer on his father's team.
3 He went to soccer matches with his mother.
4 He went to a school with a famous rugby coach.

1 学校のチームでラグビーをしていた。
2 父親のチームでサッカーをしていた。
3 母親とサッカーの試合に行った。
4 有名なラグビーのコーチがいる学校に行った。

解説 アイザックの生い立ちに関する英文です。質問はWhat did Isaac do when he was a child?（アイザックは子どもの頃何をしていたか）で、When Isaac was a childで始まる1文目のhe played soccer on a team that his father coached（父親が指導をしていたチームでサッカーをしていた）が解答の根拠になります。正解はplayed soccer on a team that his father coachedをplayed soccer on his father's team（父親のチームでサッカーをしていた）と言い換えている **2** です。

1「学校のチームでラグビーをしていた」は、ラグビーとの接点はありつつも、実際にラグビーをプレーしていたわけではないので不正解です。**3**「母親とサッカーの試合に行った」は放送文のsoccerやgameから連想されるひっかけですし、母親はここでは登場しません。**4**「有名なラグビーのコーチがいる学校に行った」はcoachやcollegeという単語から連想されるひっかけです。

- -

(2) **解答** **3**

> ▶ **放送された英文**

☆In Alaska, there is a type of frog called a wood frog. Wood frogs live in areas with many tall trees. They eat other small animals on the ground and hide under leaves there. When it gets very cold, they can stop their hearts from beating. However, the frogs do not die. They go to sleep, and when it becomes warmer, they wake up and start to move again.

☆☆ Question: What can wood frogs do when it is very cold?

日本語訳 ☆アラスカにはアメリカアカガエルと呼ばれる種類のカエルがいます。アメリカアカガエルは高い木がたくさんあるところに住んでいます。それらは地面にいる他の小動物を食べ、そこの木の葉の下に隠れます。とても寒くなると、それらは心臓が鼓動するのを止めることができます。しかし、そのカエルは死にません。眠りにつき、暖かくなると目を覚ましてまた動き出します。

☆☆質問：アメリカアカガエルはとても寒いときに何ができますか。

選択肢と訳 1 Eat leaves instead of small animals.
2 Hide inside tall trees.
3 Make their hearts stop.
4 Move to warmer areas.

1 小動物の代わりに葉を食べる。
2 高い木の中に隠れる。
3 自分の心臓を停止させる。
4 暖かい場所に移動する。

vocabulary

□ **coach**「～を指導する、コーチ」

□ **senior high school**「高校」

□ **start** *doing*「～し始める」

□ **watch**「～を見る」

□ **rugby**「ラグビー」

□ **game**「試合」

□ **college**「大学」

□ **famous**「有名な」

□ **type**「種類」

□ **frog**「カエル」

□ **hide**「隠れる」

□ **under**「～の下に」

□ **stop** *A* **from** *doing*「Aが～するのを止める」

□ **beat**「鼓動する」

□ **wake up**「目を覚ます」

解説 1文目に登場するwood frog（アメリカアカガエル）というカエルに関する英文です。なじみのない生き物かもしれませんが、前後で詳しい説明があるはずなので、その特徴を把握します。live in areas with many tall trees（高い木がたくさんあるところに住んでいる）、eat other small animals on the ground（地面にいる他の小動物を食べる）、hide under leaves there（そこの木の葉の下に隠れる）、When it gets very cold, they can stop their hearts from beating.（とても寒くなると、それらは心臓が鼓動するのを止めることができる）、when it becomes warmer, they wake up and start to move again（暖かくなると目を覚ましてまた動き出す）といった特徴が述べられています。質問はWhat can wood frogs do when it is very cold?（アメリカアカガエルはとても寒いときに何ができるか）です。stop their hearts from beatingをMake their hearts stop.と言い換えた **3** が正解です。

1 や **2** は放送文中のleaves（葉）やhide（隠れる）から連想されるひっかけの選択肢です。**4** のmoveという単語は放送文では「（体が）動く」という意味で使われていますが、選択肢では「（場所を）移動する」という意味で使われており、内容も異なります。

(3) **解答** 3

放送された英文

☆All the students in Nina's class are working on science projects. Each of them has to choose an interesting topic and give a five-minute presentation. It will be the first time for Nina to speak in front of the whole class, so she is nervous. She has decided to ask her older brother for advice.

☆☆Question: What is Nina nervous about?

日本語訳 ☆ニナのクラスの生徒は全員、科学プロジェクトに取り組んでいます。各自が興味深いトピックを選び、5分間のプレゼンテーションをしなければなりません。ニナはクラス全員の前で話すのは初めてなので、緊張しています。ニナは兄にアドバイスをもらうことにしました。

☆☆質問：ニナは何に緊張していますか。

選択肢と訳 1 Finding an interesting topic.
2 Asking her brother about science.
3 Giving a presentation to her class.
4 Going to school by herself.

1 興味深いトピックを見つけること。
2 兄に科学について尋ねること。
3 クラスにプレゼンテーションをすること。
4 自分で学校に行くこと。

解説 ニナと彼女のクラスの取り組みであるscience projectsに関する英文です。質問はWhat is Nina nervous about?（ニナは何に緊張しているか）なので、解答の根拠は3文目のso she is nervous（だから彼女は緊張している）の、soの直前であることがわかります。soの直前にはIt will be the first time for Nina to speak in front of the whole class（ニナはクラス全員の前で話すのは初めて）とあるので、正解は **3** Giving a presentation to her class.（クラスにプレゼンテーションをすること）です。

1「興味深いトピックを見つけること」については述べられていますが、ニナの緊張との因果関係はありません。**2**「兄に科学について尋ねること」は、放送文のask her older brother for advice（兄にアドバイスをもらう）に関連する内容ですが、科学について尋ねるとは述べられていません。**4**「自分で学校に行くこと」については述べられていません。

(4) **解答** 4

放送された英文

★Selma works at a restaurant three times a week. Recently, two of her co-workers quit because they did not like the manager. As a result, Selma had to start working more, and now she feels tired. She wants to sleep more, so she plans to stop watching movies late at night. That way, she can have more energy for work.

☆☆Question: How does Selma plan to solve her problem?

日本語訳 ★セルマは週に３回レストランで働いています。最近、同僚のうち２人が店長を嫌って辞めました。その結果、セルマはもっと働き出さなければならなくなり、現在疲労を感じています。彼女はもっと眠りたいので、深夜に映画を見るのをやめるつもりです。そのようにして、仕事のためのエネルギーを増やすことができます。
☆☆質問：セルマはどのように問題を解決するつもりですか。

選択肢と訳 1 By looking for a job at another restaurant.
2 By asking her manager for more money.
3 By working more often.
4 By going to bed earlier at night.

1 他のレストランの仕事を探すことによって。
2 店長にもっとお金を求めることによって。
3 もっと頻繁に働くことによって。
4 夜早く寝ることによって。

解説 1文目 Selma works at a restaurant three times a week. (セルマは週に３回レストランで働いている) から、セルマの仕事についての話だとわかります。質問は How does Selma plan to solve her problem? (セルマはどのように問題を解決するつもりか) です。セルマの問題は２文目と３文目に、two of her co-workers quit (同僚のうち２人が辞めた)、そしてその結果 had to start working more, and now she feels tired (もっと働き出さなければならなくなり、現在疲労を感じている) と述べられています。解答根拠は４文目 She wants to sleep more, so she plans to stop watching movies late at night. (彼女はもっと眠りたいので、深夜に映画を見るのをやめるつもりだ) で、これを going to bed earlier at night (夜早く寝る) と言い換えた 4 が正解です。
1 の「他のレストランの仕事」や 2 の「店長にもっとお金を求める」については述べられていません。3 の「もっと頻繁に働く」ことについては３文目の内容に合いますが、これは質問で聞かれている問題の解決策ではなく、むしろ疲労を感じるという問題の原因です。したがって、3 は不正解です。

□ **manager**「店長」
□ **as a result**「その結果」
□ **had to** *do* ～「～しなければならなかった（**have to** *do* の過去形）」
□ **late at night**「深夜に」
□ **that way**「そのようにして」
□ **energy**「エネルギー、体力」
□ **look for** ～「～を探す」
□ **ask** *A* **for** *B*「AにBを求める」

(5) 解答 3

▶ 放送された英文

★At school yesterday, Maki's friend Larry told her that he got a new pet dog. He also said that he ran with it in the park last weekend. Maki is excited because Larry invited her to come to the park to see it this weekend.
☆☆Question: Why will Maki go to the park this weekend?

日本語訳 ★昨日学校で、マキの友達のラリーが新しいペットの犬を飼い始めたと、彼女に伝えました。そして先週末、公園で一緒に走ったとも言いました。マキはラリーに今週末それを見るために公園に来るように誘われたので、ワクワクしています。
☆☆質問：マキはなぜ今週末公園に行くのですか。

選択肢と訳 1 To eat lunch with her friends.
2 To run and do exercises.
3 To see her friend's dog.
4 To play with her new pet.

1 友達と昼食をとるため。
2 走って運動をするため。
3 友達の犬を見るため。
4 彼女の新しいペットと遊ぶため。

解説 1文目の Maki's friend Larry told her that he got a new pet dog (マキの友達のラリーが新しいペットの犬を飼ったと、彼女に伝えた) から、ラリーと彼のペットに関する英文だとわかります。質問は Why will Maki go to the park this weekend? (マキはなぜ今週末公園に行くのか) なので、this weekend が含まれる最終文の Maki is excited because Larry invited her to come to the park to see it this weekend. が解答根拠になります。to see it (それを見るために) のit が指すものは、直前の文のit が指すものと同じもの、つまり１文目の a new pet dog です。したがって、マキは週末にラリーのペットを見に公園に行くので、正解は 3 To see her friend's dog. (友達の犬を見るため) です。

□ **invite** *A* **to** *do* ～「Aに～するように誘う」
□ **do exercises**「運動をする」

1「友達と昼食をとるため」については、述べられていません。**2**「走って運動をするため」は放送文の ran with it in the park から連想されるひっかけですが、犬と公園で走ったのはラリーで、時制も過去の話です。**4**「彼女の新しいペットと遊ぶため」は、新しいペットを手に入れたのはラリーなので不正解です。

(6) **解答** **1**

▶放送された英文

☆Olivia and Sam went to a Japanese restaurant for dinner last Saturday. However, when they got there, a waiter told them that the restaurant was full, so they went home and ordered a pizza and a Greek salad instead. In the end, they enjoyed their dinner while they watched a movie on the Internet.

☆☆Question: What did Olivia and Sam do on Saturday night?

日本語訳 ☆オリビアとサムは先週の土曜日、日本食レストランに夕食を食べに行きました。しかし、そこに着くとウェイターが満席だと言ったので、2人は家に帰り、代わりにピザとギリシャ風サラダを注文しました。結局、2人はインターネットで映画を見ながら夕食を楽しみました。
☆☆質問：土曜日の夜、オリビアとサムは何をしましたか。

選択肢と訳 **1** They had dinner at home.
2 They made a salad together.
3 They went to a movie theater.
4 They enjoyed eating Japanese food.

1 家で夕食をとった。
2 一緒にサラダを作った。
3 映画館に行った。
4 日本食を食べることを楽しんだ。

解説 1文目の Olivia and Sam went to a Japanese restaurant for dinner last Saturday.（オリビアとサムは先週の土曜日、日本食レストランに夕食を食べに行った）から、2人の夕食のときの出来事についての話だとわかります。質問は What did Olivia and Sam do on Saturday night?（土曜日の夜、オリビアとサムは何をしたか）です。2文目の However（しかし）のあとに、a waiter told them that the restaurant was full（ウェイターが満席だと言った）、they went home and ordered a pizza and a Greek salad instead（2人は家に帰り、代わりにピザとギリシャ風サラダを注文した）と述べられています。続く3文目で they enjoyed their dinner（夕食を楽しんだ）とあることから、**1** が正解です。**2** の「サラダ」は2文目で登場しますが、「作った」というのは、ordered（注文した）という本文の内容と矛盾します。**3** の「映画館」については3文目の「映画を見た」から連想されるひっかけですが、映画館ではなくインターネットで見たと述べています。**4** の「日本食を食べることを楽しんだ」は、本文2文目の「満席だったため帰宅した」という内容と矛盾します。

□ **waiter**「ウェイター」
□ **full**「満席の」
□ **order**「〜を注文する」
□ **Greek**「ギリシャの」
□ **instead**「その代わりに」
□ **in the end**「結局、最終的に」
□ **while**「〜する間、〜しながら」

(7) **解答** **3**

▶放送された英文

★Nana has been on skiing trips with her family since she was little. Last weekend, her friends invited her to go to the mountains. Nana took her skis, ski boots, and poles, but when she got there, all her friends had snowboards. They said snowboarding was cool. Nana decided to rent a snowboard and boots so that she could try it.

☆☆Question: Why did Nana start snowboarding?

日本語訳 ★ナナは小さい頃から家族でスキー旅行に出かけていました。先週末、彼女の友達が彼女を山に行くように誘いました。ナナはスキー、スキーブーツ、ストックを持って行きましたが、そこに着くと、友達はみんなスノーボードを持っていました。彼らはスノーボードはかっこいいと言いました。ナナはそれに挑戦できるように、スノーボードとブーツを借りることにしました。
☆☆質問：ナナはなぜスノーボードを始めたのですか。

選択肢と訳 **1** She broke one of her ski poles.
2 She forgot her skis at home.
3 Her friends said it was cool.
4 Her family bought her some lessons.

□ **on 〜 trip**「〜の旅行で」
□ **since**「〜以来」
□ **pole**「（スキーの）ストック」
□ **rent**「〜を借りる」
□ **so that 〜**「〜できるように」
□ **buy A B**「AにBを買ってあげる」

1 自分のスキーのストックのうちの1つを折ってしまった。
2 家にスキーを忘れた。
3 友達がそれはかっこいいと言った。
4 家族が彼女にいくつかのレッスンを受講させた。

解説 1文目のNana has been on skiing trips with her family since she was little. （ナナは小さい頃から家族でスキー旅行に出かけていた）という始まりと、2文目のLast weekend（先週）から、ナナが先週末に体験したスキーに関連する内容が放送されると予想できます。質問はWhy did Nana start snowboarding? （ナナはなぜスノーボードを始めたのか）なので、最終文のNana decided to rent a snowboard and boots so that she could try it. （ナナはそれに挑戦できるように、スノーボードとブーツを借りることにした）の直前の文They said snowboarding was cool.が解答のヒントになりそうです。この文の主語Theyは、一緒に出掛けた友達を指しているので、友達がスノーボードはかっこいい、と言ったことになります。したがって、正解は **3** です。
1「自分のスキーのストックのうちの1つを折ってしまった」については述べられていません。**2**「家にスキーを忘れた」は3文目のNana took her skis（ナナはスキーを持って行った）という内容と矛盾します。**4**「家族が彼女にいくつかのレッスンを受講させた」については述べられていません。

---

(8) 解答 **1**

▶放送された英文

☆When Kyle arrived at the park for his camping trip, the park ranger told him to watch out for bears. Bears sometimes came looking for food, so he told Kyle to keep the area clean. He said that if people left food near their tents, the bears would come close to the camping site.
☆☆Question: What did the park ranger tell Kyle to do?

日本語訳 ☆カイルがキャンプ旅行をしに公園に着いたとき、公園管理人はクマに気をつけるように言いました。クマは時々食べ物を探しにやってくるので、彼はその場所を清潔に保とうカイルに言いました。人がテントの近くに食べ物を置いておくと、クマがキャンプ場の近くまでやってくるだろうと言いました。
☆☆質問：公園管理人はカイルに何をするように言いましたか。

選択肢と訳 **1** To keep his food away from bears.
2 To buy food at the park's café.
3 To take pictures of the bears.
4 To call him before leaving the park.

1 クマから食べ物を遠ざける。
2 公園のカフェで食べ物を買う。
3 クマの写真を撮る。
4 公園を出る前に電話する。

解説 1文目のKyle arrived at the park for his camping trip（カイルがキャンプ旅行をしに公園に着いた）から、キャンプ場でのカイルの経験についての英文だとわかります。質問はWhat did the park ranger tell Kyle to do?（公園管理人はカイルに何をするように言ったか）です。1文目の後半the park ranger told him to watch out for bears（公園管理人はクマに気をつけるように言った）とありますが、2文目ではさらに具体的にBears sometimes came looking for food, so he told Kyle to keep the area clean. （クマは時々食べ物を探しにやってくるので、彼はその場所を清潔に保とうカイルに言った）、最終文ではif people left food near their tents, the bears would come close to the camping site. （人がテントの近くに食べ物を置いておくと、クマがキャンプ場の近くまでやってくるだろう）と述べられています。この内容をTo keep his food away from bears. （クマから食べ物を遠ざける）とまとめた **1** が正解です。**2** の「公園のカフェ」や **3** の「クマの写真」、**4** の「電話」については述べられていません。

---

(9) 解答 **1**

▶放送された英文

★In some parts of Africa, there are small animals called bush babies. Bush babies like to live in tall trees, and they have large ears and eyes. They start being active

□ **arrive at ～**「～に着く」
□ **park ranger**「公園管理人」
□ **look for ～**「～を探す」
□ **tell A to do**「Aに～するよう言う」
□ **leave**「～を置いておく」
□ **close to ～**「～の近くに」
□ **site**「場所」
□ **keep A away from B**「AからBを遠ざける」

□ **Africa**「アフリカ」
□ **called ～**「～と呼ばれる」

118

after the sun goes down and look for food throughout the night. Bush babies usually eat plants, but they sometimes eat other small animals as well.

☆☆Question: What is one thing we learn about bush babies?

日本語訳 ★アフリカのある地方には、ブッシュベイビーと呼ばれる小動物がいます。ブッシュベイビーは高い木の上で暮らすのが好きで、大きな耳と目を持っています。日が沈むと活動を始め、夜通し食べ物を探します。ブッシュベイビーは普段は植物を食べていますが、時には他の小動物も食べます。

☆☆質問：ブッシュベイビーについて、わかる1つのことは何ですか。

選択肢と訳 1 They are mainly active at night.
2 They have very large heads.
3 They dry their food in the sun.
4 They dig holes under trees.

1 主に夜に活動的だ。
2 とても大きな頭を持っている。
3 日なたで食べ物を乾かす。
4 木の下に穴を掘る。

解説 bush baby (ブッシュベイビー) という動物に関する説明文です。bush baby が何かわからなくても、1文目でsmall animals(小動物)と言っているので、「動物だな」とわかるだけでも大丈夫です。ブッシュベイビーについては、2文目以降に次のような特徴が述べられています。like to live in tall trees (高い木の上で暮らすのが好き)、have large ears and eyes (大きな耳と目を持つ)、start being active after the sun goes down (日が沈むと活動を始める)、look for food throughout the night (夜通し食べ物を探す)、usually eat plants (普段は植物を食べる)、sometimes eat other small animals (時には他の小動物を食べる)。質問は What is one thing we learn about bush babies? (ブッシュベイビーについて、わかる1つのことは何か) で、3つ目の特徴の start being active after the sun goes downを active at night (夜に活動的だ) と言い換えている 1 が正解。
2「とても大きな頭を持っている」は、放送文に large ears and eyesとあるため不正解。3「日なたで食べ物を乾かす」、4「木の下に穴を掘る」については述べられていません。

(10) **解答** 1

放送された英文

☆Hello, viewers! Thank you for watching *Go Go Science*, a fun show about science. I hope you are ready for fun facts about sharks because our guest today is an expert on marine animals. In fact, she has written three books about animals in the ocean, and two of them are about sharks. Please welcome Professor Patricia Knight.

☆☆Question: What will probably happen on today's show?

日本語訳 ☆視聴者の皆さん、こんにちは！ 科学についての楽しい番組「ゴーゴーサイエンス」をご覧いただきありがとうございます。今日のゲストは海洋動物の専門家なので、皆さんがサメについての楽しい事実を聞く準備ができていることを願っています。実は、彼女は海の動物について3冊の本を書いていて、そのうちの2冊がサメについての本なのです。パトリシア・ナイト教授を歓迎しましょう。

☆☆質問：今日の番組ではおそらく何が起こるでしょうか。

選択肢と訳 1 An expert will talk about sharks.
2 An artist will draw pictures of the ocean.
3 The announcer will dress up as a shark.
4 The viewers will discuss ocean swimming.

1 専門家がサメについて話す。
2 画家が海の絵を描く。
3 アナウンサーがサメの仮装をする。
4 視聴者が海水浴について議論する。

解説 1文目のHello, viewers!（視聴者の皆さん、こんにちは！）から、テレビ等の番組であることがわかります。質問はWhat will probably happen on today's show?（今日の番組ではおそらく何が起こるか）です。3文目でI hope you are ready for fun facts about sharks because our guest today is an expert on marine animals.（今日のゲストは海洋動物の専門家なので、皆さんがサメについての楽しい事実を聞く準備ができていることを願っている）と述べられています。この内容から、専門家がサメについての楽しい事実を話すであろうと考えられます。したがって、**1**が正解です。

2の「絵を描く」や**3**の「サメの仮装をする」、**4**の「海水浴について議論する」ということを連想させる内容は放送文には含まれていません。

選択肢の先読みはしっかりできたでしょうか？

Chapter

4

Reading

- ポイント解説
- トレーニング問題

短文の語句空所補充問題をおさえよう！

Point① 準2級の短文の語句空所補充問題はどんな問題？

○短い英文や会話文の空所に入る適切な語句を選ぶ問題です。
○問題数：20問（ただし、2024年度より熟語、文法問題が5問削減されると発表されています。）

Point② 準2級の短文の語句空所補充問題の攻略方法とは？

○語句の用法をおさえる！

語句の意味を知っているのはもちろんのこと、**その語句が文の中でどういった形を取るのかも知っておくと解きやすい問題があります。**また、使い方を知っていればスピーキングやライティングに活かすこともできます。

それでは早速、3問の例題に取り組んでみましょう。

【 例題1 】

> A : It's really cold this winter, isn't it?
> B : I know! I have four (　　　) on my bed, and I am still cold at night.
> **1** locks **2** blankets **3** moments **4** husbands
>
> （2023年度第1回（3））

解説

短文の語句空所補充問題で出題される問題は次の3タイプに分けられます。

1. **単語の知識（使い方・意味）を用いて解く問題**
2. **熟語の知識を使って解く問題**
3. **文法の知識を使って解く問題**

Aの発言を見ると、It's really cold this winter, isn't it?「この冬は本当に寒くないかい？」とあり、寒がっていることがわかります。Bも同意しているので、空所には **2** blankets を入れて「ベッドに4枚のブランケットを置いてるんだよ」とすれば文意に合います。

解答 **2**

日本語訳

A：この冬は本当に寒くないかい？
B：そうだよね。私はベッドに4枚の**ブランケット**を置いてるんだよ。それでも、まだ夜は寒いよ。
1 錠　　**2** ブランケット　**3** 瞬間　　**4** 夫

単語のとる形に関する知識と文脈の、どちらのアプローチでも正解できるようにしましょう。また、筆記1で受験者を悩ませるものに熟語・イディオム問題があります。単語帳や過去問を活用し、1つずつ覚えていきましょう。

【 例題 2 】

Spencer does not like to (　　) when he uses his bicycle. He always wears his helmet and rides carefully.

1 make efforts　**2** make progress　**3** take place　**4** take risks　　　（2022年度第1回 (15)）

解説

空所の後ろを見ると、He always wears his helmet and rides carefully.「彼はいつもヘルメットをかぶって注意して乗ります」とあるので、彼は注意深い人だということがわかります。よって、空所には**4 take risks**を入れて、「自転車に乗るときにリスクを冒すのを好みません」とすれば文意に合います。熟語の知識がないと解くことができない問題も多く出題されるので、単語だけでなく熟語もきちんと覚えていきましょう。

解答　4

日本語訳

スペンサーは自転車に乗るときに**リスクを冒す**のを好みません。彼はいつもヘルメットをかぶって注意して乗ります。
1 努力する　　**2** 進歩する　　**3** 起こる　　**4** リスクを冒す

筆記 1 では、不定詞・動名詞などの準動詞、時制、関係詞といった文法の知識を問う問題も出題されます。しかし、文法が得意な人にとっては平易なものが多いです。

【 例題 3 】

Hector wants a dog, but his family lives in a small apartment, and there is no space to keep a pet. He wishes he (　　) in a bigger place.

1 lives　**2** to live　**3** is living　**4** lived　　　（2021年度第3回 (20)）

解説

空所の前の wishes に注目しましょう。wish の後ろは仮定法になることが多いです。よって「もっと広い場所に住めたらなあ」という願望を表しており、現在の願望は過去形を使うので、正解は**4 lived**になります。仮定法では、過去のことを表す場合は過去完了形を使うので気をつけましょう。このように文法の知識で解くことができる問題も出題されますのできちんと文法の学習もしましょう。

解答　4

日本語訳

ヘクターは犬が欲しいですが、彼の家族は小さなアパートに住んでいるので、ペットを飼う場所がありません。もっと広い場所に**住めたら**なあと彼は願っています。

以上のように、短文の語句空所補充問題では大きく分けると3種類の問題が出題されます。**一番重要なのは単語や熟語の意味を覚えておくこと**なので、単語帳や過去問を使って覚えていきましょう。そして、試験本番では、**わからなかった場合、諦めて次の問題に進むこと**が大切です。わからない問題に時間を使いすぎ、解ける問題で解く時間がなくなるのが一番もったいないです。わからなかったらスパッと諦めて先に進むというスタンスで解答していきましょう。

短文の語句空所補充問題にチャレンジしましょう。
解き終わったら解答・解説を確認しましょう。

(1) The colors on a map sometimes show different features of the earth. Blue is used to
(　　　) water, and green is often used to show forests.

1 develop **2** exchange **3** represent **4** guide

(2022年度第2回（9））

(2) Lisa read a (　　　) on the side of the road. It said to watch out for falling rocks.

1 warning **2** channel **3** shade **4** variety

(2022年度第1回（1））

(3) When the bus was an hour late, one man shouted (　　　) at the driver. He said that he
had missed an important meeting.

1 partly **2** angrily **3** secretly **4** tightly

(2021年度第1回（5））

(4) There are various ways to help people (　　　). For example, you can give money,
clothes, or food to people who do not have enough.

1 on end **2** by heart **3** in need **4** of use

(2022年度第3回（13））

(5) Sandra thought her pet dog Charlie looked so cute (　　　) his new jacket. She took
some photos of him and shared them online with her friends.

1 at **2** in **3** of **4** behind

(2022年度第2回（19））

(6) Stephanie thought she would not enjoy the movie *Train Chaos*, but it was (　　　) more
exciting than she expected.

1 too **2** so **3** very **4** much

(2021年度第1回（18））

(7) When Dennis arrived at his aunt's house, she (　　　) him at the door with a hug.

1 greeted **2** promised **3** required **4** interviewed

(2023年度第1回（9））

(8) Greg is going to play in a tennis tournament next weekend. He has only been playing for three months, so he is very ( ) to win.

1 unlikely **2** traditional **3** similar **4** honest

（2022 年度第 3 回（2））

(9) Nick is nearly three years old. He always wants to touch the new things he finds every day. He is very curious ( ) anything he hasn't seen before.

1 at **2** over **3** about **4** from

（2021 年度第 3 回（16））

(10) Adam used to ( ) people who could not swim in the ocean. However, he realized that it was very difficult to swim against the waves after he tried it himself.

1 look back upon **2** look down on **3** see through **4** see about

（2021 年度第 2 回（12））

(11) *A*：Look at this kitchen floor! It needs to ( ).
B：Yes, it's very dirty.

1 be cleaned **2** clean **3** be cleaning **4** have cleaned

（2021 年度第 2 回（20））

(12) Before Yasuko moved to her new apartment in Tokyo, she bought some ( ). However, when she moved in, there was not enough space for the table and the bed.

1 atmosphere **2** religion **3** furniture **4** poverty

（2022 年度第 2 回（6））

(13) *A*：Is it true that the things in this store only cost 100 yen?
B：Yes, but you will also need to pay ( ), so they actually cost a little more.

1 tax **2** data **3** total **4** waste

（2021 年度第 1 回（4））

(14) After work on Friday night, Jason did not want to cook at home. He ( ) having dinner with his friends, so he invited three of them to a restaurant.

1 looked like **2** felt like **3** passed by **4** ran by

（2023 年度第 1 回（13））

(15) Angela broke her leg while she was playing basketball. It took her more than three months to (   ) from her injury and be able to play again.

1 shut   **2** recover   **3** protest   **4** march

(2021年度第2回（6））

(16) Mrs. Green decided to give a role to each student in the musical at the school festival. This way, every student could (   ) the performance.

1 play a joke on   **2** play a part in   **3** keep track of   **4** keep pace with

(2021年度第3回（11））

(17) Kenny gets angry when his parents tell him to go to bed or to eat his vegetables. He hates (   ) like a little child.

1 treated   **2** being treated   **3** treating   **4** to be treating

(2022年度第3回（20））

(18) In recent years, the city has had to build many new roads and schools because its population has grown so (   ).

1 exactly   **2** pleasantly   **3** fairly   **4** rapidly

(2022年度第2回（7））

(19) Michael's parents (   ) him to become a teacher, but Michael wanted to be an artist. In the end, he became an art teacher.

1 celebrated   **2** filled   **3** pushed   **4** escaped

(2022年度第1回（4））

(20) Joseph did not get very good grades in his first year of college. He was ashamed (   ) himself and decided to study harder during his second year.

1 of   **2** in   **3** for   **4** from

(2021年度第2回（13））

(21) *A* : What do you think of this music?
B : It's too slow for me. I like music with a faster (   ).

1 distance   **2** channel   **3** belief   **4** rhythm

(2021年度第2回（10））

(22) On Saturdays, Beth volunteers at her local community center. She enjoys (   ) with events for the people in her area.

1 to help   **2** helps   **3** helping   **4** helped

(2023年度第1回（20））

(1) **解答** 3

日本語訳 地図上の色は時々、地球上の異なった特徴を表します。青は水を**表す**ために、緑はしばしば森林を表すために使われます。
1 発展させる　　2 交換する　　**3 表す**　　4 導く

解説 空所の後ろを見ると、green is often used to show forests「緑はしばしば森林を表すために使われる」とあるので、空所に **3** represent を入れて、「水を表す」にすれば文意に合います。show の言い換えとして represent を探せば解きやすい問題です。

(2) **解答** 1

日本語訳 リサは道路脇にある**警告**を読みました。それには落石に気をつけてと書いてありました。
1 警告　　2 チャンネル　　3 影　　4 多様性

解説 空所の後ろを見ると、It said to watch out for falling rocks.「それには落石に気をつけてと書いてあった」とあり、It が空所の単語を示していることがわかります。その内容は「落石に気をつけて」なので、空所に **1** warning「警告」を入れれば文意に合います。

(3) **解答** 2

日本語訳 バスは1時間遅れていて、ある男性が運転手に**怒りながら**叫びました。彼は大切な会議に間に合わなかったと言いました。
1 部分的に　　**2 怒って**　　3 こっそり　　4 きつく

解説 空所の後ろを見ると、He said that he had missed an important meeting.「彼は大切な会議に間に合わなかったと言った」とあり、バスが遅れたせいで会議に間に合わなかったので、空所に **2** angrily「怒って」を入れ「運転手に怒って怒鳴った」とすれば文意に合います。

(4) **解答** 3

日本語訳 困っている人たちを助ける方法はたくさんあります。例えば、十分に持っていない人にお金や、衣服、食べ物を渡すことができます。
1 継続的に　　2 暗記して　　**3 困っている**　　4 役に立つ

解説 空所の後ろを見ると、For example, you can give money, clothes, or food to people who do not have enough.「例えば、十分に持っていない人にお金や、衣服、食べ物を渡すことができる」とあり、空所を含む people (　　　) が people who do not have enough と言い換えられていることがわかります。よって、正解は **3** in need です。people in need は「困っている人たち」という意味です。**1** on end は「継続的に」、**2** by heart「暗記して」は learn ～ by heart「～を暗記する」としてよく出題されます。

(5) **解答** 2

日本語訳 サンドラは、彼女のペットの犬のチャーリーが新しいジャケットを着ていてとてもかわいく見えると思いました。彼女はチャーリーの写真を何枚か撮りオンライン上で友達と共有しました。

解説 前置詞を入れる問題で、空所を含む文を見ると、Sandra thought her pet dog Charlie looked so cute (　　　) his new jacket.「サンドラは、彼女のペットの犬のチャーリーが新しいジャケット(　　　)とてもかわいく見えると思った」とあり、「新しいジャケットを着ていて」とすればよいので、**2** in が正解です。服を着ている場合には前置詞の in を使います。他にも I'm in black.「黒い服を着ている」のように使うこともできます。

(6) **解答** 4

日本語訳 ステファニーは「トレイン カオス」という映画を楽しめないだろうと思っていましたが、それは思っていた以上に**はるかに**わくわくするものでした。

解説 比較級を強調できるものを入れる問題です。この中で比較級を強調できるのは **4** much のみです。他に比較級を強調できるのは still、far、even です。最上級を強調できるのは by far になります。

Theme 12

(7) **解答** **1**

日本語訳 デニスが叔母の家に着いたとき、彼女は抱きしめながら、玄関で彼に**挨拶**をしました。
　　　　1 挨拶をした　　**2** 約束した　　**3** 必要とした　　**4** 面接をした

解説 空所の前を見ると、When Dennis arrived at his aunt's house,「デニスが叔母の家に着いたとき」とあるので、家に着いたときにすることを空所に入れればよいとわかります。よって、**1** greeted を入れて、「抱きしめながら、玄関で彼に挨拶をした」とすれば文意に合います。

□ **hug**「抱きしめること」

(8) **解答** **1**

日本語訳 グレッグは来週末テニストーナメントで試合をする予定です。彼は 3 カ月しか練習していないので、勝つ**可能性**はかなり**低い**です。
　　　　1 可能性が低い　　**2** 伝統的な　　**3** 似ている　　**4** 正直な

解説 空所の前を見ると、He has only been playing for three months,「彼は 3 カ月しか練習していない」とあり、練習が足りないことがわかります。よって、空所に **1** unlikely を入れて「勝つ可能性はかなり低い」とすれば文意に合います。反対の意味の be likely to do「〜する可能性が高い」も頻出です。

□ **tournament**「トーナメント」
□ **win**「勝つ」

(9) **解答** **3**

日本語訳 ニックはもうすぐ 3 歳になります。彼は常に日々見つける新しいものに触りたがります。彼は以前に見たことがないものにとても興味があります。

解説 curious と相性の良い前置詞を探します。be curious about 〜 で「〜に興味を持つ」になるので、正解は **3** about です。

□ **nearly**「もうすぐ」
□ **curious**「好奇心の強い」

(10) **解答** **2**

日本語訳 アダムは海で泳げない人を**見下**していました。しかし、彼は自分が挑戦したあとに、波がある状態で泳ぐのはとても難しいとわかりました。
　　　　1 振り返る　　**2** 見下す　　**3** 最後までやり抜く　　**4** 調べる

解説 空所の後ろを見ると、However, he realized that it was very difficult to swim against the waves after he tried it himself.「しかし、彼は自分が挑戦した後に、波がある状態で泳ぐのはとても難しいとわかった」とあり、泳ぐのが難しいことに気づいたと述べられていますが、空所には However があるので逆の意味が入ることがわかります。よって、空所には **2** look down on を入れて、「海で泳げない人を見下していた」とすれば文意に合います。**1** look back upon「〜を振り返る」**3** see through「〜を最後までやり抜く」**4** see about「〜を調べる」も覚えておきましょう。

□ **used to do**「以前は〜だった、よく〜したものだ」
□ **realize**「〜に気がつく」
□ **wave**「波」

(11) **解答** **1**

日本語訳 A：この台所の床を見て！　きれいにする必要があるよ。
　　　　B：そうだね。とても汚いね。

解説 台所をきれいにする必要があるという意味にします。need の使い方ですが、need to do の形で、今回は台所はきれいにされる側なので、受動態（be 動詞＋過去分詞）を使います。よって、正解は **1** be cleaned になります。

□ **floor**「床」
□ **dirty**「汚い」

(12) **解答** **3**

日本語訳 ヤスコが東京の新しいアパートに引っ越す前、彼女はいくつか家具を買いました。しかし、引っ越したときに、テーブルやベッドのためのスペースが十分にありませんでした。
　　　　1 空気　　**2** 宗教　　**3** 家具　　**4** 貧乏

解説 空所の前を見ると、Before Yasuko moved to her new apartment in Tokyo,「ヤスコが東京の新しいアパートに引っ越す前」とあり、その後ろには she bought some「彼女はいくつか買いました」とあるので、新しいアパートに引っ越す前に買ったものが、空所に入ることがわかります。よって、**3** furniture「家具」が正解です。furniture は不可算名詞であることも覚えておきましょう。

□ **enough**「十分な」

vocabulary

128

(13) **解答** **1**

日本語訳 A：この店の物がたった100円って本当？
B：そうだよ。でも、**税金**も払う必要があるから、実際はもうちょっと値段があがるよ。
1 税金　**2** データ　**3** 合計　**4** 無駄

解説 空所の後ろを見ると、so they actually cost a little more.「実際はもうちょっと値段があがるよ」とあり、プラスでお金がかかることがわかります。よって、空所に **1** tax を入れて、「税金を払う必要がある」とすれば文意に合います。

(14) **解答** **2**

日本語訳 金曜日の仕事の後、ジェイソンは家で料理をしたくありませんでした。彼は友達と夕食を食べ**たい気分だった**ので、3人の友達をレストランに誘いました。
1 〜のようだった　**2** 〜したい気分だった
3 通り過ぎた　**4** 走って通り過ぎた

解説 空所の後ろを見ると、so he invited three of them to a restaurant「だから彼は3人の友達をレストランに誘った」とあり、レストランに友達を誘っているので、空所に **2** felt like を入れて、「友達と夕食を食べたい気分だった」とすれば文意に合います。他の選択肢の意味もおさえておきましょう。**1** look like「〜のようである」**3** pass by「通り過ぎる」**4** run by「走って通り過ぎる」です。

(15) **解答** **2**

日本語訳 アンジェラはバスケットボールをしているときに脚を骨折しました。怪我から**回復して**、もう　度プレーできるまでに3カ月以上かかりました。
1 閉じる　**2** 回復する　**3** 抗議する　**4** 行進する

解説 空所の前を見ると、Angela broke her leg while she was playing basketball.「アンジェラはバスケットボールをしているときに脚を骨折した」とあり、怪我をしていることがわかります。よって、空所に **2** recover を入れて、「怪我から回復して、もう一度プレーできるまでに3カ月以上かかった」とすれば文意に合います。

(16) **解答** **2**

日本語訳 グリーン先生は学園祭のミュージカルで一人ひとりの生徒に役割を与えることにしました。このように、すべての生徒が上演で**役割を演じる**ことができました。
1 からかう　**2** 役割を果たす
3 経過を把握する　**4** ついていく

解説 空所の前を見ると、Mrs. Green decided to give a role to each student in the musical at the school festival.「グリーン先生は学園祭のミュージカルで一人ひとりの生徒に役割を与えることにした」とあります。よって、空所に **2** play a part in を入れて、「上演で全員が役割を果たした」とすれば文意に合います。role＝partと言い換えられています。他の選択肢の意味はそれぞれ、**1** play a joke on「〜をからかう」**3** keep track of「〜の経過を把握する」**4** keep pace with「〜についていく」です。

(17) **解答** **2**

日本語訳 両親が寝るか野菜を食べるようにケニーに言うとき、彼は怒ります。彼は小さい子どものように**扱われる**のが大嫌いです。

解説 hateの使い方を問う問題です。hateは後ろに動詞を置く場合、*do*ingか to *do* の形をとります。その時点で **1** が正解選択肢から外れます。次に意味を考えると、子どものように扱われるのが大嫌いという文にする必要があるので、受け身だとわかります。受動態はbe動詞＋過去分詞で作るので、正解は **2** being treated になります。**3** と **4** は受動態ではなく、能動態になっているので不正解です。

(18) **解答** 4

日本語訳 近年では、その町は多くの新しい道路と学校を作らなければなりませんでした。なぜなら、非常に**急激に**人口が増えたからです。
1 正確に　**2** 楽しく　**3** 公平に　**4** 急激に

解説 空所の前を見ると、the city has had to build many new roads and schools because its population has grown「その町は多くの新しい道路と学校を作らなければならなかった。なぜなら、人口が増えたから」とあり、空所に **4** rapidly を入れて「急激に人口が増えた」とすれば文意に合います。grow rapidly はコロケーションとして頻出なので覚えておきましょう。

(19) **解答** 3

日本語訳 マイケルの両親は彼に教員になるように**強要しました**が、マイケルは芸術家になりたいと思っていました。最終的に彼は美術の先生になりました。
1 祝った　**2** 満たした　**3** 強要した　**4** 逃げた

解説 空所の後ろに but があるので、Michael wanted to be an artist「マイケルは芸術家になりたかった」とはかみ合わない内容が空所に入ることがわかります。つまり、両親は先生になってほしかったとすればよいので、正解は **3** pushed「強要する」です。push *A* to *do*「Aに〜するように強要する」は覚えておきましょう。

(20) **解答** 1

日本語訳 ジョセフは大学1年生であまり良い成績を取ったわけではありませんでした。彼は自分自身を恥じ、2年生ではもっと一生懸命勉強することを決心しました。

解説 前置詞の知識を問う問題です。空所の前に ashamed があり、これは *be* ashamed of 〜「〜を恥じている」という形で使うので、正解は **1** of です。このような問題は熟語を知っているかどうかで解けるかが決まるので多くの熟語を覚えておきましょう。

(21) **解答** 4

日本語訳 A：この音楽をどう思う？
B：私には遅すぎる。私はもっと速い**リズム**の音楽が好きだ。
1 距離　**2** チャンネル　**3** 信念　**4** リズム

解説 空所の前を見ると B は It's too slow for me.「私には遅すぎる」と言っているので、それとは逆の意味になるように、空所に **4** rhythm を入れて、「もっと速いリズムの音楽が好き」とすれば、文意に合います。

(22) **解答** 3

日本語訳 毎週土曜日に、ベスは地元のコミュニティーセンターでボランティアをしています。彼女はその地域の人々のための行事の**手伝いをすること**を楽しんでいます。

解説 文法の知識を問う問題。enjoy の後ろに動詞を置く場合は *doing* しか置くことができません。よって、正解は **3** helping になります。このように後ろに to ではなく *doing* しか置けない動詞はいくつかあるので覚えておきましょう。代表的なものを以下に記します。
consider（〜を考慮する）、resist（〜に抵抗する）、enjoy（〜を楽しむ）、admit（〜を認める）、mind（〜を嫌だと思う）、suggest（〜を提案する）、deny（〜を否定する）、avoid（〜を避ける）

Theme 13

●ポイント解説

会話文の文空所補充問題をおさえよう！

Point① 準2級の会話文の文空所補充問題はどんな問題？

○4つの会話文を読み、それぞれの空所に適切な選択肢をあてはめる問題。
○問題数：5問（会話文は4つ）

Point② 準2級の会話文の文空所補充問題の攻略方法とは？

○前後の文脈を正しくつかむ！

　この問題は文中に空所が1つある会話文が3つ、2つある会話文が1つ出題されます。空所のある文だけでは正解は出せず、**前後の文脈を正しく理解し、文脈に合った選択肢を選ぶ力**が求められます。

それでは早速、次の例題に取り組んでみましょう。

A : Welcome home, Jamie. How was your soccer match?
B : (　　　　), Dad.
A : Why? Was it because of the rain last night?
B : No. The other team's bus broke down, so the players couldn't come to the soccer field in time.

1 The field was very wet
2 My team lost six to one
3 It was canceled
4 I scored two goals

（2021年度第2回（23））

解説

まずは、全体の要旨をつかみましょう。「サッカーの試合」について話されていることがわかります。空所の次の発言を見ると、

　　Why? Was it because of the rain last night?
　　「なぜ？　昨夜の雨のせい？」

とあり、その次の発言がNo. The other team's bus broke down「ううん。相手チームのバスが故障した」となっているので、空所には、雨でも故障でも起こる可能性がある**3** It was canceled「それは中止になった」とすれば文意に合います。Itはsoccer matchを指しています。
他の選択肢を吟味しましょう。
1 The field was very wet「競技場がとても濡れていた」は雨のせいではないと否定しているので不正解です。
2 My team lost six to one「6対1で負けた」と**4** I scored two goals「2ゴールを決めた」は、どちらも文脈に合いません。

解答　3

日本語訳

A：お帰り、ジェイミー。サッカーの試合はどうだったの？
B：**中止になったの、**お父さん。
A：なぜ？　昨夜の雨のせい？
B：ううん。相手チームのバスが故障して、選手たちがサッカー場に間に合わなかったんだ。

1 競技場がとても濡れていた
2 6対1で負けた
3 それは中止になった
4 2ゴールを決めた

Key

会話問題は代名詞・指示語に注目

会話問題では代名詞・指示語がヒントになることがよくあります。例題も、選択肢 **3** の代名詞の It がその前の soccer match を指しているとわかれば、簡単に正解することができます。

> ポイントをしっかり理解して、次のページのトレーニング問題に進みましょう。

---

vocabulary

□ **match**「試合」　　　　　　　　　　　□ **because of ～**「～が原因で」
□ **break down**「壊れる」　　　　　　　□ **wet**「濡れている」
□ **cancel**「～を中止する」　　　　　　□ **score**「(ゴール) を決める」

会話文の文空所補充問題にチャレンジしてみましょう。
解き終わったら解答・解説を確認しましょう。

☐ (1)　A : Hi, Eric. Where's Mandy? I thought she would be with you.

B : She called me earlier to say that (　　　　　　) this evening.

A : Oh. Did she say why?

B : Yes. Her boss asked her to come to work because one of her co-workers is sick.

1 there'll be a full moon　　　　**2** it might rain

3 she can't come　　　　　　　　**4** her car won't start

(2022年度第1回 (22))

☐ (2)　A : Thank you for calling Blimpton Animal Hospital. How can I help you?

B : My name is Joan Taylor. I'm calling about my dog, Brownie.

A : What's wrong with Brownie?

B : She hasn't (　　**A**　　) for the last two days.

A : I see. Is it the same kind that you usually give her?

B : Yes. She normally loves it. Could (　　**B**　　)?

A : Sure. He has time at 11:30 or after 4:00.

B : I have to work this afternoon, so I'll bring Brownie at 11:30.

（**A**）

1 had much energy　　　　**2** been eating her food

3 gotten out of her basket　　**4** played with her toys

（**B**）

1 you tell me what the problem is

2 I get some medicine for her

3 the doctor see her today

4 it be a toothache

(2021年度第3回 (24)・(25))

(1) **解答** 3

日本語訳 A：こんにちは、エリック。マンディはどこにいるの？　一緒にいると思っていたよ。
B：今晩**彼女は来られない**と先ほど電話があったんだ。
A：そうなんだ。理由は言ってた？
B：うん。同僚の1人が病気になっちゃって、仕事に来るように上司に言われたんだって。

　1 満月だろう　　　　　　　　　2 雨が降るかもしれない
　3 彼女は来ることができない　4 彼女の車は発進しない

解説 空所の後ろを見ると、AがDid she say why?「理由は言ってた？」と理由を聞き、BがYes. Her boss asked her to come to work because one of her co-workers is sick.「うん。同僚の1人が病気になっちゃって、仕事に来るように上司に言われたんだって」と言っているので、彼女が来られなくなってしまったことがわかります。よって、空所に **3 she can't come**「彼女は来ることができない」を入れれば文意に合います。
他の選択肢はどれも、仕事に行ってしまったこととは関係がないので不正解です。

(2) **日本語訳** A：ブリンプトン動物病院にお電話いただき、ありがとうございます。どういたしましたか？
B：私はジョーン・テイラーです。私の犬、ブラウニーについて問い合わせています。
A：ブラウニーに何か問題があるのでしょうか？
B：彼女はここ2日間、**食事をしていない**のです。
A：なるほど。いつも与えているものと同じですか？
B：はい。普段は大好きなんです。**今日、お医者さんが彼女を診察してくれることは可能ですか？**
A：もちろんです。11時30分か、4時以降ならお時間が空いています。
B：今日の午後は仕事があるので、11時30分にブラウニーを連れて行きます。

(2)-A

解答 2

選択肢の訳
　1 とても元気があった　　　　**2 食事をしていた**
　3 かごから出てきた　　　　　4 おもちゃで遊んでいた

解説 空所の後ろでは、Is it the same kind that you usually give her?「いつも与えているものと同じですか？」と聞いており、次にBはYes. She normally loves it.「はい。普段は大好きなんです」と答えているので、it＝the same kindで、犬にあげるものであり、好んでいるものを指すと推測できます。よって、それにあてはまるものはfoodなので、正解は **2 been eating her food**「食事をしていた」です。**1** のエネルギー、**3** のかごは不適切です。また **4** のおもちゃはtoysと複数形になっているので不正解です。

(2)-B

解答 3

選択肢の訳
　1 問題は何か教えてもらう　　2 薬を持ってくる
　3 今日医者に診察してもらう　4 歯が痛い

解説 空所で質問をしており、次にAはSure. He has time at 11:30 or after 4:00.「もちろんです。11時30分か、4時以降ならお時間が空いています」と答えているので、空所では予約できるかどうか聞いていることがわかります。よって、空所に **3 the doctor see her today**を入れて、「今日お医者さんが彼女を診察してくれることは可能ですか？」とすれば、文意に合います。

長文の語句空所補充問題をおさえよう！

Point① 準2級の長文の語句空所補充問題はどんな問題？

○長文中の空所にあてはめるのに適切な語句を選ぶ問題です。

○問題数：2つの長文に対し、5問あります。

○空所は1つ目の長文に2つ、2つ目の長文に3つ含まれます。

○ただし、2つ目（3B）の3問は2024年度より削除されることが発表されており、そのため2024年度からは 1つ目の長文のみの出題となります。

Point② 準2級の長文の語句空所補充問題の攻略方法とは？

○空所の部分だけで判断しない！

必ず文脈を読み取り、それを利用して正解を選んでください。空所のある文だけでは基本的に答えは導けません。前後の話のつながりをきちんと理解して解答してください。

それでは早速、次の例題に取り組んでみましょう。

A Voice from the Past

Every year, volunteers in Brisbane, Australia, meet to clean up the beach. This year, John and his father joined the group. They worked hard all morning to pick up garbage. Near lunchtime, John noticed a glass bottle on the beach. The bottle was old and dirty. It looked like (**A**). John picked up the bottle and gave it to his father. His father opened it and took out a piece of paper. He told John that it was a message.

John's father showed the message to John. It said, "My name is Paul, and I am 10 years old. I am from Canada. I am traveling to Australia on a ship called the *Fair Star*. Please (**B**)." On their way home, John and his father bought a postcard to send to Paul. A few weeks later, they got a reply. Paul said he was now 50, and it was amazing that John had found his message after such a long time.

（A）

1 it had been made recently

2 it was full of red wine

3 there might be more bottles nearby

4 there was something inside it

（B）

1 write to me at this address 　　**2** have a nice time on vacation

3 take this bottle to my family 　　**4** help me to get back home

（2022年度第2回（3A））

（A）

選択肢の訳

1 最近作られた **2** 赤いワインでいっぱいだった
3 近くにもっとボトルがあったかもしれない **4** その中に何かがある

空所の後ろを見ると、John picked up the bottle and gave it to his father. His father opened it and took out a piece of paper「ジョンはボトルを拾い上げて、父親に渡した。父親はそれを開けて一切れの紙を取り出した」とあり、ボトルの中からお父さんが一切れの紙を取り出しているので、空所に **4** there was something inside it を入れて、「その中に何かがあるようだ」とすれば文意に合います。

> **Key**
>
> ### 長文の語句空所補充問題のポイント①
>
> 代名詞や指示語は正解のヒントとなることがあるので、それらが何を指しているのか意識しながら読む習慣をつけましょう。

（B）

選択肢の訳

1 この住所に手紙を書く **2** 休暇で良い時間を過ごす
3 私の家族のところにこのボトルを持っていく **4** 私が家に帰るのを手伝う

空所の後ろを見ると、On their way home, John and his father bought a postcard to send to Paul「帰り道で、ジョンと彼の父親はポールに送るハガキを買いました」とあり、ポールにメッセージを送ろうとしているので、空所に **1** write to me at this address を入れて、「この住所に手紙を送ってください」とすれば文意に合います。

> **Key**
>
> ### 長文の語句空所補充問題のポイント②
>
> 選択肢には、文法的には空所に入れることのできるものが並びます。そのため、文法や語法の知識ではなく、文脈から正解を選ぶことができる力が必要です。

解答

（A） **4** **（B）** **1**

過去からの声

　毎年、オーストラリアのブリスベンでボランティアがビーチの清掃に集まります。今年、ジョンと彼の父親はグループに参加しました。彼らは午前中ずっと一生懸命ごみを拾うために働きました。お昼近くに、ジョンはビーチでガラスのボトルを見つけました。ボトルは古くて汚れていました。**中に何かがある**ようでした。ジョンはボトルを拾い上げて、父親に渡しました。父親はそれを開けて一切れの紙を取り出しました。それはメッセージだとジョンに伝えました。

　ジョンの父親はメッセージをジョンに見せました。それには、「私の名前はポールで、10歳です。カナダ出身です。フェアスターという船でオーストラリアに旅行しています。**この住所に手紙を書いてください**」と書かれていました。帰り道で、ジョンと彼の父親はポールに送るハガキを買いました。数週間後、彼らは返事を受け取りました。ポールは今は50歳だと言い、ジョンがそんなに長い時間がたったあとに彼のメッセージを見つけたことは驚くべきことでした。

vocabulary

□ clean up ～「～をきれいにする」

□ garbage「ごみ」

□ ship「船」

□ amazing「驚くべき」

□ *be* full of ～「～でいっぱいである」

□ address「住所」

□ join「～に参加する」

□ a piece of ～「一片の～」

□ reply「返信」

□ recently「最近」

□ nearby「近くに」

□ vacation「休暇」

トレーニング問題

目標解答時間 各8分

長文の語句空所補充問題にチャレンジしてみましょう。
与えられた文章を読んで、（　　）内にあてはまるものとして正しい選択肢を選びましょう。

■ (1)

Lost for Words

Keiko is 65 years old. She retired from her job a few months ago. When she was working, she was always very busy. She had no time for hobbies. However, she now has plenty of free time. She enjoys gardening, reading books, and going for walks in the countryside. She also (**A**). She really enjoys learning a foreign language and using it to speak with her classmates and her teacher, Mr. Lopez.

One day, Mr. Lopez asked Keiko to talk about her family in class. There were many things that she wanted to say, but she could not say them. She was disappointed because she did not know all the words that she needed. Mr. Lopez tried to (**B**). He said that she is doing really well. If she keeps studying and practicing hard, she will soon find it easy to talk about anything.

(A)

1 takes Spanish lessons
2 is a volunteer at a hospital
3 likes to paint pictures
4 joined a yoga class

(B)

1 find her textbook **2** cheer her up
3 repair her bag **4** show her around

(2021年度第3回 (3A))

(1) 日本語訳　　　　　　　　　　　　言葉が見つからない

　　　ケイコは65歳です。彼女は数カ月前に仕事を辞めました。仕事をしているとき、彼女はいつもとても忙しかったです。趣味の時間はありませんでした。しかし、今はたくさんの自由な時間があります。彼女はガーデニング、読書、田舎に散歩に行くことを楽しんでいます。また、**スペイン語のレッスンも受けています**。彼女は外国語学習や、外国語を使ってクラスメートや先生のロペスさんと話すのを本当に楽しんでいます。

　　　ある日、ロペスさんはケイコに授業の中で家族について話すように頼みました。言いたいことはたくさんありましたが、伝えることができませんでした。必要なすべての言葉がわからなかったのでがっかりしました。ロペスさんは**彼女を励ま**そうとしました。彼は彼女が本当に上手にやっていると言いました。もし彼女が一生懸命勉強し続け、練習し続ければ、何についてでも話すのが簡単になるでしょう。

(1)−A

解答 **1**

選択肢の訳
　　1 スペイン語の授業を受ける
　　2 病院でボランティアになる
　　3 絵を描くのが好き
　　4 ヨガのクラスに参加した

解説 空所の前を見ると、She enjoys gardening, reading books, and going for walks in the countryside. 「彼女はガーデニング、読書、田舎に散歩に行くことを楽しんでいる」とあり、余暇を楽しんでいることがわかります。そして空所にはalso「〜もまた」というキーワードがあるので、余暇をどのように使っているかが空所に入ることがわかります。空所の次の文を見るとShe really enjoys learning a foreign language「彼女は外国語学習を本当に楽しんでいる」とあり、言語を学ぶのを楽しんでいるので、空所には、**1** takes Spanish lessons「スペイン語の授業を受ける」を入れれば文意に合います。

(1)−B

解答 **2**

選択肢の訳
　　1 彼女の教科書を見つける
　　2 彼女を励ます
　　3 彼女のカバンを修理する
　　4 彼女を案内する

解説 空所の前を見ると、She was disappointed because she did not know all the words that she needed「必要なすべての言葉がわからなかったのでがっかりした」とあり、彼女が思うように伝えることができないのがわかります。そして、空所の後ろでは、He said that she is doing really well「彼は彼女が本当に上手にやっていると言った」とあるので、空所に **2** cheer her up「彼女を励ます」を入れれば文意に合います。

□ **retire**「退職する」

□ **plenty of** 〜「たくさんの〜」

□ **countryside**「田舎」

□ **disappoint**「〜をがっかりさせる」

□ **practice**「練習する」

□ **Spanish**「スペイン語の」

□ **paint**「(絵)を描く」

□ **cheer up** 〜「〜を元気づける」

□ **repair**「〜を修理する」

□ **show** 〜 **around**「〜を案内する」

Theme
14

Pumpkin Soup

Lisa loves soup. She always has a cup of soup for breakfast. Sometimes, she has two cups. There are many kinds of soup at the supermarket that Lisa goes to. Some of them (A   ). However, Lisa likes to try them all. She does not mind spending a lot of money on soup every month.

One day, Lisa's best friend, Rachel, said that she would teach Lisa how to make soup from pumpkins. At first, Lisa was worried that it might be too difficult for her. However, Rachel showed Lisa all the things she needed to do. It was not hard at all. In fact, making pumpkin soup (B   ). The soup also tasted much better than the pumpkin soup from the supermarket. Lisa decided that she would like to try making other types of soup in the future, too.

(A)

1 have vegetables in them   **2** taste very delicious
3 come from other countries   **4** are quite expensive

(B)

1 gave her new problems   **2** made her mother happy
3 was a lot of fun   **4** took a long time

(2021年度第 1 回 (3A))

(2) 日本語訳　　　　　　　　　　　　　　　　カボチャのスープ

　　　　　　リサはスープが大好きです。彼女は朝食にいつもスープを1杯飲みます。時には2杯のときもあります。リサが行くスーパーマーケットにはたくさんの種類のスープがあります。中には**かなり高いものもあります**。しかし、リサはそれを試すのが好きです。彼女は毎月多くのお金をスープに使っても気にしません。

　　　　　　ある日、リサの親友であるレイチェルが、カボチャのスープの作り方を教えると言いました。最初、リサはそれが自分には難しすぎるかもしれないと心配しました。しかし、レイチェルはリサにやるべきことをすべて見せてくれました。それは全然難しくありませんでした。実際、カボチャのスープを作ることは**とても楽しかった**です。また、スープの味もスーパーマーケットのカボチャのスープよりもずっとおいしかったです。リサは将来、他の種類のスープも作ってみることを決めました。

(2)−A

解答 4

選択肢の訳

　　　　　　1 それらの中に野菜が入っている
　　　　　　2 とてもおいしい
　　　　　　3 他国から来ている
　　　　　　4 かなり高い

解説 空所の後ろを見ると、However, Lisa likes to try them all. She does not mind spending a lot of money on soup every month.「しかし、リサはそれらすべてを試すのが好きだ。彼女は毎月多くのお金をスープに使っても気にしない」とあり、スープにはお金を使うことをいとわないので、空所に **4** are quite expensive「かなり高い」を入れて、「いくつかはかなり高価である」とすれば文意に合います。空所補充問題においてhoweverは大切ですので気をつけましょう。

(2)−B

解答 3

選択肢の訳

　　　　　　1 彼女に新しい問題を与えた
　　　　　　2 彼女の母親を幸せにした
　　　　　　3 とても楽しかった
　　　　　　4 長時間かかった

解説 空所の前を見るとIt was not hard at all.「それは全然難しくなかった」とあり、次にはIn fact「実際には」があるので、プラスの内容が続くことがわかります。空所の次の文でもalso「～もまた」があり、The soup also tasted much better than the pumpkin soup from the supermarket.「また、スープの味もスーパーマーケットのカボチャのスープよりもずっとおいしかった」とあり、おいしかったとプラスの内容になっています。よって、正解は **3** was a lot of fun「とても楽しかった」を入れれば文意に合います。**2** もプラスの内容ですが、お母さんはその後も一度も登場しないので不正解です。

vocabulary

□ **pumpkin**「カボチャ」

□ **kind**「種類」

□ **mind**「～を気にする」

□ **at first**「最初は」

□ *be* **worried**「心配する」

□ **taste**「～の味がする」

□ **type**「種類」

□ **quite**「かなり」

3

Horse Sense

When we are happy, angry, or sad, we show our feelings on our faces. By changing the shape of our eyes, mouth, and other parts of our face, we can show other people our feelings. Some animals do the same thing, too. Dogs, monkeys, and horses can show their feelings by using their faces. Understanding others' feelings (**A**   ). If we see an angry face, we can try to be careful. If we see a kind face, we can start to make friends.

Recent research has found that horses can understand people's feelings by looking at their faces. Scientists showed large photographs of a person with either a happy face or an angry face to 28 horses. When the horses saw the angry face, they became afraid. The scientists knew the horses were afraid because they looked at the photograph (**B**   ). When a horse is scared of something, it will turn its head to the right and use its left eye to watch the thing.

Perhaps over thousands of years of working with humans, horses have become able to understand humans' faces. Dogs have the same ability, perhaps because they have also worked with humans for thousands of years. Another explanation is that the 28 horses in the study came from local riding schools, where many different students ride the horses every day. It is possible that these animals learned to guess people's feelings because they had (**C**   ) in their lives.

(**A**)

1 is not always useful   **2** is often not easy

3 takes a long time   **4** helps us stay safe

(**B**)

1 very carefully   **2** several times

3 for less than one second   **4** with their left eyes

(**C**)

1 many good friends   **2** plenty of food

3 been to many places   **4** seen a lot of people

(2021年度第2回 (3B))

(3)　日本語訳　　　　　　　　　　　　　　馬の感覚

　私たちは幸せなとき、怒っているとき、または悲しいとき、顔に感情を示します。私たちの目、口、顔の他の部分の形を変えることで、他の人々に感情を示すことができます。一部の動物も同じことをします。犬、猿、馬は顔を使って感情を示すことができます。他人の感情を理解することは**私たちの安全を確保するのに役立ちます**。怒った顔を見たら、注意を払おうとすることができます。優しい顔を見たら、友達になり始めることができます。

　最近の研究によって、馬は人の顔を見て感情を理解できることがわかりました。科学者は、幸せな顔または怒った顔の人の大きな写真を28頭の馬に見せました。馬が怒った顔を見ると、彼らは怖くなりました。科学者は馬が怖がっていることとわかりました。なぜなら、馬は写真を**左目**で見ていたからです。馬が何かを怖がると、右に頭を向けて左目で物を見ます。

　おそらく何千年もの間、人間と一緒に働いているうちに、馬は人間の顔を理解する能力を身につけたのかもしれません。犬が同じ能力を持っているのは、彼らも何千年もの間、人間と一緒に働いてきたからかもしれません。別の説明として、研究の28頭の馬は地元の乗馬学校から来ており、多くの異なる生徒が毎日馬に乗っていることが挙げられます。これらの動物は、生活の中で**多くの人々を見てきた**ため、人々の感情を推測するようになった可能性があります。

(3)−A

解答 4

選択肢の訳

1 常に便利なわけではない　　　　　　2 しばしば簡単ではない
3 長時間かかる　　　　　　　　　　　**4 私たちの安全を確保するのに役立つ**

解説　空所の後ろを見ると、If we see an angry face, we can try to be careful. If we see a kind face, we can start to make friends.「怒った顔を見たら、注意を払おうとすることができる。優しい顔を見たら、友達になり始めることができる」とあり、表情によって行動を変えようとしていることがわかります。よって、空所に **4** helps us stay safe を入れて、「他人の感情を理解することは私たちの安全を確保するのに役立つ」とすれば文意に合います。

(3)−B

解答 4

選択肢の訳

1 とても注意深く　　　　　　　　　　2 何回か
3 1秒以内に　　　　　　　　　　　　**4 左目で**

解説　空所の後ろを見ると、When a horse is scared of something, it will turn its head to the right and use its left eye to watch the thing.「馬が何かを怖がると、右に頭を向けて左目で物を見る」とあり、馬が怖がっているときは、頭を右にして左目を使うので、空所に **4** with their left eyes を入れて、「左目で写真を見ていたから、怖がっていることが科学者にはわかった」とすれば文意に合います。

(3)−C

解答 4

選択肢の訳

1 多くの良い友達　　　　　　　　　　2 たくさんの食べ物
3 多くの場所に行ったことがある　　　**4 多くの人を見た**

解説　空所の前を見ると、the 28 horses in the study came from local riding schools, where many different students ride the horses every day「研究の28頭の馬は地元の乗馬学校から来ており、多くの異なる生徒が毎日馬に乗っている」とあり、多くの生徒が馬に乗っていたことが、人間の表情を見分けられるようになった要因かもしれないので、空所に **4** seen a lot of people を入れて、「生活の中で多くの人を見てきたから」とすれば文意に合います。

vocabulary

- shape「形」
- careful「注意深い」
- recent「最近の」
- scientist「科学者」
- photograph「写真」
- *be* scared of ～「～を怖れる」
- explanation「解説、説明」
- local「その土地の、地元の」
- possible「可能である」
- learn to *do*「～するようになる」
- guess「～を推測する」
- useful「役に立つ」
- one second「1秒」

Theme
14

■ (4)

Up and Away

Cars that can fly have appeared in many science-fiction stories. For over 100 years, people have been trying to build real flying cars. Some have succeeded, but their flying cars have never been produced in large numbers. These cars were usually too expensive for people to buy. However, a company in the European country of Slovakia thinks that its flying cars can be made (A   ). As a result, it might soon be common to see flying cars in the sky.

Stefan Klein, the owner of the company, has spent about 30 years trying to develop a flying car. In June 2021, Klein's car (B   ). It took 35 minutes to travel about 90 kilometers from the airport in Nitra to the one in Bratislava. After it landed, the flying car's wings were folded up in less than three minutes, and Klein drove the car to the city center. The car has now been flown over 200 times, and the government of Slovakia has decided to allow people to use it for air travel.

Klein thinks that his company will be able to sell many flying cars. He still faces several challenges, though. First, his flying car can only take off and land at airports. Also, it uses gasoline, so some people say that it is not good for the environment. (C   ), people need a pilot's license if they want to use the flying car. However, Klein thinks he will be able to solve these problems sometime soon.

(A)

1 at lower prices   **2** in a shorter time
3 from recycled paper   **4** by a new kind of robot

(B)

1 went on sale   **2** was hit by a truck
3 made its first trip   **4** won a famous race

(C)

1 Even so   **2** Therefore   **3** Moreover   **4** For example

(2023年度第1回 (3B))

(4) 日本語訳　　　　　　　　　　　　　　　　　空中へ

　　　飛行できる車は多くのSF作品に登場してきました。100年以上にわたり、人々は実際の飛行車を作ろうと努力してきました。一部は成功しましたが、彼らの飛行車は大量生産されることはありませんでした。これらの車は通常、人々には高価で買えませんでした。しかし、スロバキアというヨーロッパの国の企業は、その飛行車を**低価格で**製造できると考えています。その結果、近い将来、空で飛行車を見ることが一般的になるかもしれません。

　　　その企業のオーナーであるステファン・クラインは、飛行車の開発に約30年をかけてきました。2021年6月に、クラインの車は**初の飛行をしました**。ニトラの空港からブラチスラヴァの空港まで約90キロメートルを35分で移動しました。着陸後、飛行車の翼は3分未満で折りたたまれ、クラインは車で市内に向かいました。車は現在、200回以上飛行し、スロバキア政府は人々の空での移動のために飛行車の使用を許可することを決定しました。

　　　クラインは、彼の会社が多くの飛行車を販売できると考えています。しかし、彼はまだいくつかの課題に直面しています。第一に、彼の飛行車は空港でしか離陸および着陸できません。また、ガソリンを使用しているため、環境には良くないと言う人もいます。**さらに**、飛行車を使用したい場合には飛行機の操縦免許証が必要です。しかし、クラインはこれらの問題を近い将来解決できると考えています。

(4)–A 　解答　**1**

選択肢の訳

1 低価格で　　　　　　　　　2 短い時間で
3 再利用された紙から　　　　4 新しい種類のロボットによって

解説　空所を含む文にHoweverがあるので、そこに注目します。Howeverの前にThese cars were usually too expensive for people to buy.「これらの車は通常、人々には高価で買えなかった」とあり、高くて購入できないとは逆の内容が入ることが推測できます。よって、空所には **1** at lower pricesを入れて、「飛行車を低価格で製造できる」とすれば文意に合います。

(4)–B 　解答　**3**

選択肢の訳

1 売られた　　　　　　　　　2 トラックにぶつかられた
3 初の飛行をした　　　　　　4 有名なレースで勝った

解説　空所の後ろを見るとIt took 35 minutes to travel about 90 kilometers from the airport in Nitra to the one in Bratislava.「ニトラの空港からブラチスラヴァの空港まで約90キロメートルを35分で移動した」や、After it landed, the flying car's wings were folded up in less than three minutes, and Klein drove the car to the city center.「着陸後、飛行車の翼は3分未満で折りたたまれ、クラインは車で市内に向かった」と、実際に空飛ぶ車を使っている様子が書かれています。よって、空所に **3** made its first tripを入れて、「初めてクラインの車は旅をした」とすれば文意に合います。**1** はまだ売りに出されていないので不正解です。**2** はトラックと衝突したとは書かれていないので不正解です。**4** はレースの話は出ていないので不正解です。このように消去法でも解くことができます。

(4)–C 　解答　**3**

選択肢の訳

1 そうであっても　　　　　　2 それゆえ
3 さらに　　　　　　　　　　4 例えば

解説　第3段落1文目にKlein thinks that his company will be able to sell many flying cars. He still faces several challenges, though「クラインは、彼の会社が多くの飛行車を販売できると考えている。しかし、彼はまだいくつかの課題に直面している」とあり、問題点を提起しています。そして、次の文でFirstと始めており、空港が必要だということを言っています。次にAlsoで環境に悪いということを2つ目の課題として挙げています。そして空所の後ろを見るとpeople need a pilot's license「飛行機の操縦免許証が必要」と、3つ目の問題点を挙げているので、**3** Moreover「さらに」を入れれば文意に合います。

vocabulary

□ appear「現れる」
□ science-fiction「空想科学の、小説の」
□ succeed「成功する」
□ as a result「結果として」
□ common「ありふれている」
□ spend「～を費やす」
□ develop「～を開発する」
□ land「着陸する」
□ wing「翼」
□ fold up ～「～をたたむ」
□ allow *A* to *do*「Aが～するのを許す」
□ sell「～を売る」
□ face「～に直面する」
□ though「しかし」
□ take off「離陸する」
□ environment「環境」
□ solve「～を解決する」
□ low「低い」
□ recycle「～をリサイクルする」
□ hit「～にぶつかる」
□ truck「トラック」
□ famous「有名な」

Theme
14

長文の内容一致選択問題(Eメール)をおさえよう!

Point① 準2級の長文の内容一致選択問題 (Eメール) はどんな問題?

○3パラグラフ程度のEメールを読み、内容と一致する選択肢を選ぶ問題です。

○問題数:1つの長文に対し、3問です。

○1パラグラフの英文量は平均して5〜6文程度です。

Point② 準2級の長文の内容一致選択問題 (Eメール) の攻略方法とは?

○まとめ読みをせず、段落ごとに読み進める!

　基本的に、段落が3つで、1段落につき1つ設問がある出題形式です。よって、**1段落読んだら対応する問題に取り組む**という流れで進めると効率的に解き進められます。

では、次の例題に挑戦してみましょう。

From: Ralph Parker <ralph_parker@epostal.com>
To: Gary Jones <gazjones_101@mymessage.com>
Date: June 4
Subject: My cousins

Hi Gary,

We haven't had a chance to meet since you and your family moved to your new house. Are you enjoying your new school? I know there's a great park near your new place. My mom and dad took me there once after we went to the mall on that side of the city. I really wanted to try the basketball court there, but I didn't have my ball. Have you played on it yet?

By the way, do you remember my cousins from Seattle? We had fun with them when they visited last summer. They're coming to stay with us again at the end of this month. Would you like to come over while they're here? We could have a game of basketball with them. I've also got a new board game, and I think we would have a great time playing it.

My cousins will be staying with us from June 21 to June 29. They will also visit their other relatives in the city, so they'll be quite busy. Can you tell me a couple of dates when you can come? My dad says that if your mom or dad can bring you here, he will take you home in the evening. Please speak to your parents and let me know.

Your friend,

Ralph

(**A**) What is one thing that Ralph asks Gary?

　　1 If Gary has tried the basketball court in his local park.

　　2 If Gary bought a new basketball when he went to the mall.

　　3 Whether Gary's new school is near his new house.

　　4 Whether Gary's parents are planning to move to a new house.

（B）Ralph says that his cousins from Seattle
    1 will play in a basketball tournament in June.
    2 have told him about a great new board game.
    3 want to know if Gary can remember them.
    4 came to stay with his family last year.

（C）What does Ralph's father say that he will do?
    1 Speak to Gary's parents.
    2 Tell Ralph the best dates to come.
    3 Take Gary back to his house.
    4 Visit Ralph's relatives in the city.

（2023年度第1回（4A））

解説

Eメールの問題では、Iとyouが誰なのかをきちんと把握しましょう。
今回はIがRalphで、youがGaryです。

（A）
ラルフがゲイリーに尋ねていることを探していくと、第1段落最終文にHave you played on it yet?「そこ（バスケットボールコート）でもうプレーしましたか？」とあるので、これを言い換えている **1** If Gary has tried the basketball court in his local park.「ゲイリーが地元の公園でバスケットボールコートを使ってみたかどうか」が正解になります。ifには「もし～なら」の他に「～かどうか」という意味もあるので覚えておきましょう。**2** はラルフは自分がボールを持っていなかったと言っているだけで、ゲイリーが買ったかどうかの確認はしていないので不正解です。**3** は新しい学校の近さについては述べられていないので不正解です。**4** は引っ越しを考えているかどうかは述べられていないので不正解です。

（B）
いとこがしたことを探していくと、第2段落2文目にWe had fun with them when they visited last summer.「彼らが去年夏に訪れたとき、楽しかったですよね」とあり、昨年の夏にラルフのところにいとこが遊びに来ていることがわかります。よって、正解は **4** came to stay with his family last year.「昨年彼の家族の家に泊まりに来た」です。**1** はバスケットボールのトーナメントの話は出ていないので不正解です。**2** はいとこがボードゲームについて教えたわけではないので不正解です。**3** はゲイリーが覚えているかどうか、いとこが知りたがっているとは述べられていないので不正解です。

（C）
ラルフのお父さんがすることは、第3段落4文目にMy dad says that if your mom or dad can bring you here, he will take you home in the evening.「私の父は、あなたの両親があなたをここに連れて来てくれれば、夕方に家に送っていくと言っています」とあり、夕方に家に送ってくれることだとわかります。よって、正解は **3** Take Gary back to his house.「ゲイリーを彼の家まで送る」です。**1** はお父さんが直接ゲイリーの両親と話すわけではないので不正解です。**2** は都合の良い日を伝えるのはゲイリーでお父さんではないので不正解です。**4** は親戚を訪れるのはいとこで、お父さんではないので不正解です。

解答
（A）**1** （B）**4** （C）**3**

発信元：ラルフ・パーカー <ralph_parker@epostal.com>
宛先：ゲイリー・ジョーンズ <gazjones_101@mymessage.com>
日付：6月4日
件名：私のいとこ

こんにちは、ゲイリーさん。
あなたとあなたの家族が新しい家に引っ越してから、お会いする機会がありませんでしたね。新しい学校は楽しんでいますか？　新居の近くに素晴らしい公園がありますよね。両親と町のそちら側のショッピングモールに行ったあとに、一度両親が連れていってくれました。そこにあるバスケットボールコートを試してみたかったのですが、ボールを持っていませんでした。そこでもうプレーしましたか？
ところで、シアトル出身のいとこを覚えていますか？　彼らが去年夏に訪れたとき、楽しかったですよね。今月末に再び私たちの家に泊まりに来ます。彼らがここにいる間、遊びに来ませんか？　私たちは彼らとバスケットボールの試合ができるでしょう。新しいボードゲームも持っているので、それをして一緒に楽しい時間を過ごせると思います。
いとこは6月21日から6月29日まで滞在します。彼らは市内の他の親戚も訪れる予定なので、かなり忙しいと思います。来られる日程を2、3教えていただけますか？　私の父は、あなたの両親があなたをここに連れて来てくれれば、夕方に家に送っていくと言っています。両親と話し合って、教えていただければ嬉しいです。

あなたの友達、
ラルフ

（A）
ラルフがゲイリーに尋ねた1つのことは何ですか。
1 ゲイリーが地元の公園でバスケットボールコートを使ってみたかどうか。
2 ゲイリーがショッピングモールに行ったときに新しいバスケットボールを買ったかどうか。
3 ゲイリーの新しい学校が新居のそばかどうか。
4 ゲイリーの両親が新居に引っ越す予定かどうか。

（B）
ラルフが言うところでは、シアトル出身の彼のいとこは
1 6月にバスケットボールのトーナメントでプレーする。
2 素晴らしい新しいボードゲームについて彼に伝えた。
3 ゲイリーが彼らを覚えているかどうか知りたがっている。
4 昨年彼の家族の家に泊まりに来た。

（C）
ラルフの父は何をすると言っていますか。
1 ゲイリーの両親と話す。
2 ラルフに来るのに最もよい日付を伝える。
3 ゲイリーを彼の家まで送る。
4 町にいるラルフの親戚を訪ねる。

Eメール問題のポイントを頭に入れて、次ページからのトレーニング問題に取り組みましょう。

vocabulary

□ cousin「いとこ」

□ by the way「ところで」

□ board game「ボードゲーム」

□ a couple of ～「2、3の～」

□ whether「～かどうか」

□ once「1回、かつて」

□ while「～の間」

□ relative「親戚」

□ let me know「私に知らせてください」

Theme 15 トレーニング問題

目標解答時間 各7分

長文の内容一致選択問題（Eメール）に挑戦しましょう。
終わったら解答・解説を確認しましょう。

■ (1)

From: Alan Reznick <alanreznick@bmail.com>
To: Jeff Teanaway <jeff.t@wmail.com>
Date: October 9
Subject: Movie festival

Hi Jeff,

Thanks for letting me borrow your DVD of *Burning Fist*. It's such an exciting movie. I really liked the part when the hero is riding a cool bike and being chased by bad guys. After watching it last Saturday, my mom took me to a bookstore. I found a book about *Burning Fist* and bought it. It's really interesting. I'll lend it to you when I finish reading it.

While I was at the bookstore, I saw a poster for an action movie festival. It will be held next month at the Old Lawrence Theater, near the Elm Street subway station. It's close to the Mexican restaurant that we went to on your birthday last year. The poster said that the director of *Burning Fist* will be at the festival. She'll answer fans' questions about her movies and talk about her next movie.

Eight movies are going to be shown over two days at the festival. They've all been chosen by the director of *Burning Fist*. Some of them are old action movies from the 1980s and 1990s. There will also be some new movies, too. I think it sounds great, so I'm definitely going to buy a ticket for the festival. Should I get one for you, too?

Talk soon,

Alan

(A) What did Alan do last Saturday?

   1 He went to a bookstore with Jeff.   **2** He bought a book about a movie.

   3 He rode a friend's cool bike.   **4** He lent one of his DVDs to Jeff.

(B) Last year, Jeff and Alan

   1 tried Mexican food for the first time.

   2 watched a movie at the Old Lawrence Theater.

   3 met the director of *Burning Fist*.

   4 went to a restaurant for Jeff's birthday.

(C) What is one thing Alan says about the festival?

   1 He has already bought tickets for it.

   2 All the movies are old action movies.

   3 The movies were chosen by local movie fans.

   4 It will be held on more than one day.

（2022年度第2回（4A））

(1) **日本語訳** 発信元：アラン・レズニック <alanreznick@bmail.com>
宛先：ジェフ・ティーナウェイ <jeff.t@wmail.com>
日付：10月9日
件名：映画祭

こんにちは、ジェフ。
「バーニング・フィスト」のDVDを貸してくれてありがとう。それは本当にわくわくする映画だね。主人公がクールなバイクに乗って悪い奴らに追われているシーンがとても気に入りました。先週の土曜日にそれを見たあと、母が私を本屋に連れて行ってくれました。そこで「バーニング・フィスト」についての本を見つけて買いました。本当に面白いです。読み終えたら貸します。
本屋にいる間、アクション映画フェスティバルのポスターが目に入りました。それは来月、エルムストリート地下鉄駅の近くにあるオールドローレンス劇場で開催されます。去年のあなたの誕生日に行ったメキシコ料理のレストランの近くです。ポスターによれば、「バーニング・フィスト」の監督がそのフェスティバルに参加する予定です。彼女は自作についてのファンの質問に答え、次回作について話す予定です。
フェスティバルでは2日間にわたり8本の映画が上映される予定です。すべて「バーニング・フィスト」の監督によって選ばれたものです。1980年代と1990年代の古いアクション映画も含まれています。また、新しい映画もいくつかあります。素晴らしいと思うので、フェスティバルのチケットを買うつもりです。あなたのためにも1枚取っておきましょうか？
また連絡しますね。
アラン

(1)-A

解答 2

設問と選択肢の訳
アランは先週の土曜日に何をしましたか。
1 彼はジェフと本屋に行った。
2 彼は映画についての本を買った。
3 彼は友達のかっこいいバイクに乗った。
4 彼はジェフにDVDの1つを貸した。

解説 今回はIがAlanでyouがJeffになります。
設問のlast Saturdayに注目します。第1段落4、5文目にAfter watching it last Saturday, my mom took me to a bookstore. I found a book about *Burning Fist* and bought it.「先週の土曜日にそれを見たあと、母が私を本屋に連れて行ってくれた。そこで『バーニング・フィスト』についての本を見つけて買った」とあり、お母さんと本屋に行って映画の本を購入したことがわかります。よって、正解は**2** He bought a book about a movie.「彼は映画についての本を買った」です。**1**はジェフではなく母と行っているので不正解です。**3**はかっこいいバイクに乗ったのは映画の主人公なので不正解です。**4**はジェフに貸すのはDVDでなく本ですし、まだ貸していないので不正解です。

(1)-B

解答 4

設問と選択肢の訳
昨年、ジェフとアランは
1 初めてメキシコ料理に挑戦した。
2 オールドローレンス劇場で映画を見た。
3 「バーニング・フィスト」の監督に会った。
4 ジェフの誕生日にレストランに行った。

解説 設問のLast yearに注目します。第2段落3文目にIt's close to the Mexican restaurant that we went to on your birthday last year.「去年のあなたの誕生日に行ったメキシコ料理のレストランの近くだ」とあり、昨年誕生日祝いのためにレストランに行ったことがわかります。よって、正解は**4** went to a restaurant for Jeff's birthday.「ジェフの誕生日にレストランに行った」です。**1**はメキシコ料理が初めてかどうかはわからないので不正解です。**2**はオールドローレンス劇場では来月アクション映画祭が行われる予定で、映画を見たわけではないので不正解です。**3**はまだ映画の監督とは会っていないので不正解です。

vocabulary

□ **chase**「～を追いかける」
□ **lend**「～を貸す」
□ **hold**「～を開催する」
□ **subway**「地下鉄」
□ **close to ～**「～に近い」
□ **director**「監督」
□ **definitely**「必ず」
□ **for the first time**「初めて」
□ **already**「すでに」

Theme **15**

(1)-C

解答 4

設問と選択肢の訳

アランがフェスティバルについて述べている1つのことは何ですか。

1 彼はそれのチケットをすでに買った。

2 すべての映画は昔のアクション映画である。

3 映画は地元の映画ファンに選ばれた。

4 1日より長く開催される予定である。

解説 第3段落1文目にEight movies are going to be shown over two days at the festival.「フェスティバルでは2日間にわたり8本の映画が上映される予定だ」とあり、2日かけて行われることがわかるので、**4** It will be held on more than one day.「1日より長く開催される予定である」が正解です。**1**はアランが絶対に買うと言っていて、まだ買っていないことがわかるので不正解です。**2**は新しい映画もいくつかあると述べているので不正解です。**3**は映画を選ぶのは「バーニング・フィスト」の監督で、地元のファンではないので不正解です。

段落を意識して設問に取り組めましたか？

From: Charles Baker <charlesbaker136@wanderworld.com>
To: Allison Carter <alli-carter@mymail.com>
Date: October 10
Subject: Asian tours

Dear Ms. Carter,

This is Charles, the travel agent at Wander World Tours. Thank you for contacting me yesterday about trips in Asia. You told me on the phone that you had a great time on our five-day Rhine River Tour in Germany last year. I thought about the things that you said you liked and didn't like about it.

I remember you said your favorite part about the Rhine River trip was visiting a new place every day. You also liked that you didn't have to spend time on buses, and it was nice because you didn't have to move your things to new hotels. However, you also said the price of $3,500 for the trip was too much, and the food was great but expensive.

Because of those things, I would like to recommend our Mekong River Tour in Vietnam. It lasts eight days and costs only $2,800. Also, we have one-city tours for some cities in Asia. With these, you can stay at the same hotel for the whole trip. The price is different for each city, so I'm sending you some information about these tours. They are attached to this e-mail. Please take a look at them and call me.

Thank you!
Sincerely,
Charles Baker
Wander World Tours

(A) Yesterday, Ms. Carter
    1 talked to a travel agent.
    2 returned from a trip to Germany.
    3 visited Wander World Tours.
    4 sent an e-mail to Charles Baker.

(B) What did Ms. Carter like most about the Rhine River trip?
    1 Staying at a new hotel.
    2 Spending time on the bus.
    3 Going to new places every day.
    4 Tasting great food.

(C) What does Charles Baker ask Ms. Carter to do?
    1 E-mail him some information.
    2 Call him about some trips to Asia.
    3 Tell him her favorite city in Vietnam.
    4 Pay $2,800 for a one-city tour.

(2021年度第2回 (4A))

Theme
15

(2) 日本語訳　発信元：チャールズ・ベイカー <charlesbaker136@wanderworld.com>
宛先：アリソン・カーター <alli-carter@mymail.com>
日付：10月10日
件名：アジアツアー

親愛なるカーターさん、
こちらはワンダーワールドツアーズの旅行代理店スタッフのチャールズです。昨日アジアでの旅行についてお問い合わせいただき、ありがとうございました。電話で、去年の5日間のドイツのライン川ツアーで素晴らしい時間を過ごされたとおっしゃいましたね。そのツアーについて言及された気に入った点や気に入らなかった点について私なりに考えました。
ライン川旅行について、最も良かった部分は毎日新しい場所を訪れたことだと言っていたのを私は覚えています。また、バスに乗る必要がなく、荷物を新しいホテルに移動させる必要もなかったのが良かったとおっしゃいましたね。しかし、そのツアーの価格が3,500ドルと高すぎたこと、また、食事は素晴らしかったけれども高額だったこともおっしゃいました。
それらのことから、私はベトナムのメコン川ツアーをお勧めしたいと思います。それは8日間で、価格はわずか2,800ドルです。また、アジアの一部の都市では1都市ツアーもあります。これらの旅では、旅行全体で同じホテルに滞在できます。都市ごとに価格が異なりますので、これらのツアーについての情報を送っておきますね。それらはこのメールに添付してあります。ご覧いただいて、お電話いただければと思います。
ありがとうございます！
よろしくお願いします。
チャールズ・ベイカー
ワンダーワールドツアーズ

(2)-A

解答　**1**

設問と選択肢の訳
昨日、カーターさんは
1 旅行代理店スタッフと話した。
2 ドイツ旅行から戻ってきた。
3 ワンダーワールドツアーズを訪ねた。
4 チャールズ・ベイカーにメールを送った。

解説　今回はIがチャールズ・ベイカーでyouがカーターになります。
設問のYesterdayに注目します。第1段落2文目にThank you for contacting me yesterday about trips in Asia.「昨日アジアでの旅行についてお問い合わせいただき、ありがとうございました」とあり、昨日チャールズに連絡していたことがわかります。よって、正解は **1 talked to a travel agent.**「旅行代理店スタッフと話した」です。**2**はドイツのツアーは昨年のものなので不正解です。**3**は電話で話したとあり、実際に訪れたわけではないので不正解です。**4**も電話で話しており、メールを送ったわけではないので不正解です。

(2)-B

解答　**3**

設問と選択肢の訳
カーターさんがライン川旅行で最も気に入ったものは何ですか。
1 新しいホテルに泊まること。
2 バスで時間を費やすこと。
3 毎日新しい場所に行くこと。
4 おいしい食べ物を食べること。

解説　ライン川旅行に関するプラスの面を探します。第2段落1文目にyou said your favorite part about the Rhine River trip was visiting a new place every day「ライン川旅行について、最も良かった部分は毎日新しい場所を訪れたことだと言っていた」とあり、毎日新しい場所に行けることが良いと言っているので、正解は **3 Going to new places every day.**「毎日新しい場所に行くこと」です。**1**は新しいホテルに関することは述べられていないので不正解です。**2**はバスではあまり時間を費やさなかったとあるので不正解です。**4**は食べ物が高いとマイナスに評価されているので不正解です。

□ **travel agent**「旅行代理店スタッフ」
□ **contact**「〜と連絡を取る」
□ **spend**「〜を費やす」
□ **recommend**「〜を推薦する、お勧めする」
□ **last**「続く」
□ **whole**「すべての」
□ *be* **attached to** 〜「〜に添付されている」
□ **e-mail**「メール（を送る）」
□ **take a look at** 〜「〜を見る」

(2)-C

解答　2

設問と選択肢の訳

チャールズ・ベイカーはカーターさんに何をするように頼んでいますか。
1 彼に情報をメールする。
2 アジアへの旅行について彼に連絡する。
3 ベトナムのお気に入りの町を彼に伝える。
4 1都市ツアーに2,800ドル払う。

解説　第3段落最終文 Please take a look at them and call me. 「それら（アジアの町の1日ツアー）をご覧いただいて、お電話いただければと思います」と、見てから連絡をくださいとお願いしています。よって、これを言い換えている、**2** Call him about some trips to Asia. 「アジアへの旅行について彼に連絡する」が正解になります。**1** は情報を提供するのはチャールズなので不正解です。**3** はベトナムのお気に入りの都市を言ってください、とは述べられていないので不正解です。**4** は2,800ドルかかると言っているだけで払ってくださいとは言っていないので不正解です。

間違えた問題は「なぜ間違えたのか？」を解説を読んで考えてみましょう。

筆記 4 B に対応

●ポイント解説

Theme 16 長文の内容一致選択問題をおさえよう！

Point① 準2級の長文の内容一致選択問題はどんな問題？

○4パラグラフ程度の長文を読み、内容に一致する選択肢を選ぶ問題です。

○問題数：1つの長文に対し、設問数は4つです。

○テーマは環境・社会問題や、文化・歴史など多岐にわたります。

Point② 準2級の長文の内容一致選択問題の攻略方法とは？

○まとめ読みをせず、段落ごとに読み進める！

　4つの設問のヒントはそれぞれ、1段落に1つずつあります。まとめ読みをするのではなく、段落ごとに文章を理解し、設問に答えることが重要です。

では早速、次の例題を解いてみましょう。

A Slow Life in the Trees

　A sloth is a kind of animal that lives in the jungles of Central and South America. Sloths look like monkeys and spend most of their time up in the branches of trees. However, unlike monkeys, sloths live alone, move very slowly, and make almost no noise. They sleep for up to 20 hours each day and only wake up during the night.

　Sloths' lazy lifestyles help them to survive. By sleeping most of the time and moving slowly, sloths do not have to use much energy. They do not have to travel long distances or run fast to get something to eat. High up in the trees, a tasty leaf is always just a few centimeters away. Even though leaves do not contain many calories, sloths get all they need by eating all the time during the short time that they are awake.

　Surprisingly, moving slowly also protects sloths from hungry meat eaters. Eagles and big cats live in the same jungles as sloths. However, these hunters search for movement, so they often do not notice sloths. Also, sloths do not clean their fur completely. As a result, tiny plants grow in it, and these make the fur look green. From the ground or the sky, a sloth in a tree's branches looks like a plant rather than something that an eagle or a big cat wants to eat.

　Sloths have long, hard claws on their toes. Usually, they use their claws to hang on to branches. However, if a sloth is attacked, it can use its claws to defend itself. Sloths' claws are so long that sloths find it difficult to walk on the ground. Because of this, a sloth usually only comes down from the branches about once a week.

(A) What is one way sloths are different from monkeys?

    1 Sloths can be found in North America.

    2 Sloths often make a lot of noise.

    3 Sloths usually live by themselves.

    4 Sloths are only awake during the day.

(B) What is one reason that sloths move slowly?

    1 To reduce the amount of energy that they use.

    2 To allow them to travel very long distances.

    3 To catch the things that they like to eat.

    4 To avoid falling into holes made by other animals.

(C) Eagles and big cats

    1 do not eat sloths because their fur tastes bad.

    2 eat plants if they are not able to find meat.

    3 hunt by looking for the movement of animals.

    4 stay away from the jungles where sloths live.

(D) A sloth uses its long claws to

    1 cut open fruits that grow in the trees.

    2 get insects that live inside wood.

    3 jump from one tree to another.

    4 help it to hold on to branches.

(2022年度第3回(4B))

解説

(A)

第1段落3文目にHowever, unlike monkeys, sloths live alone, move very slowly, and make almost no noise.「しかし、猿とは異なり、ナマケモノは単独で生活し、非常にゆっくり移動し、ほとんど音を立てない」から、単独で生活する、ゆっくり動く、ほとんど音を立てないという特徴があるとわかり、これを言い換えている、**3** Sloths usually live by themselves.「ナマケモノはたいてい単独で生活をする」が正解になります。Howeverの後ろには大事なことが示されることが多いので意識して読むようにしましょう。**1** は中央アメリカと南アメリカのジャングルに生息するとあるので不正解です。**2** はほとんど音を立てないので不正解です。**4** は起きているのは夜だけなので不正解です。

(B)

第2段落2文目にBy sleeping most of the time and moving slowly, sloths do not have to use much energy.「ほとんどの時間を眠って過ごし、ゆっくり移動することで、ナマケモノはあまりエネルギーを使う必要がない」とあり、ゆっくり動くことで、エネルギーを多く使わないということがわかるので、正解は **1** To reduce the amount of energy that they use.「彼らが使用するエネルギーの量を減らすため」です。**2** は長距離を動く必要はないと言われているので不正解です。**3** は食べたいものを捕まえるということは述べられていないので不正解です。**4** は穴に落ちるということは述べられていないので不正解です。

(C)

第3段落3文目にHowever, these hunters search for movement, so they often do not notice sloths.「しかし、これらの狩りをする動物は動くものを探しているため、ナマケモノには通常気づかないことが多い」とあり、

these huntersが指しているものがeagles and big catsなので、**3** hunt by looking for the movement of animals.「動物の動きを探して狩る」が正解になります。**1** は毛皮の味に関しては述べられていないので不正解です。**2** は肉がないときに植物を食べるということは述べられていないので不正解です。**4** はナマケモノと一緒のジャングルに住んでいるとあるので不正解です。

（D）

第4段落2文目に Usually, they use their claws to hang on to branches.「通常、彼らはこれらの爪を枝につかまるために使用する」とあり、枝にしがみつくためにかぎ爪を使っているので、正解は **4** help it to hold on to branches.「枝にしがみつくのに役立てる」になります。hang on to ＝ hold on toが言い換えになっています。**1** は果物を開けるということは述べられていないので不正解です。**2** は虫を見つけるということは述べられていないので不正解です。**3** は木から木へ移る話はないので不正解です。

解答

（A）3　（B）1　（C）3　（D）4

日本語訳

木々でののんびりとした生活

　ナマケモノは、中央アメリカと南アメリカのジャングルに生息する動物の一種です。ナマケモノは猿のように見え、ほとんどの時間を木の枝の中で過ごします。しかし、猿とは異なり、ナマケモノは単独で生活し、非常にゆっくり移動し、ほとんど音を立てません。彼らは1日に最大で20時間寝ており、夜中にしか目を覚ましません。

　ナマケモノののんびりとした生活スタイルは、彼らが生存するのに役立っています。ほとんどの時間を眠って過ごし、ゆっくり移動することで、ナマケモノはあまりエネルギーを使う必要がありません。彼らは食べ物を手に入れるために遠くに移動したり、速く走ったりする必要がありません。木の上の高い場所にはおいしい葉っぱが常にたった数センチ先にあります。葉っぱにはあまり多くのカロリーは含まれていませんが、ナマケモノは目を覚ましている短い時間にずっと食べることで必要とするすべてのものを得ています。

　驚くべきことに、ゆっくり移動することはナマケモノを飢えた肉食動物から守ってくれもします。ワシや大きな猫もナマケモノと同じジャングルに生息しています。しかし、これらの狩りをする動物は動くものを探しているため、ナマケモノには通常気づかないことが多いです。また、ナマケモノは自分の毛を完全にきれいにしません。その結果、ごく小さな植物が毛に生え、それにより毛は緑色に見えます。地面や空から見ると、木の枝にいるナマケモノは植物のように見え、ワシや大きな猫が食べたいと思うものには見えません。

　ナマケモノの足のつま先には長くて硬い爪があります。通常、彼らはこれらの爪を枝につかまるために使用します。しかし、ナマケモノが攻撃されると、これらの爪を自己防衛に使うことができます。ナマケモノの爪は非常に長いため、地面を歩くのは難しいです。そのため、ナマケモノは通常、1週間に1回程度しか枝から降りてきません。

設問と選択肢の訳

（A）

ナマケモノが猿と違っている1つの点は何ですか。

1 ナマケモノは北アメリカで見つけられる。

2 ナマケモノはしばしばかなりの音を立てる。

3 ナマケモノはたいてい単独で生活をする。

4 ナマケモノは日中のみ起きている。

（B）

ナマケモノがゆっくり動く1つの理由は何ですか。

1 彼らが使用するエネルギーの量を減らすため。

2 彼らが非常に長い距離を移動することを可能にするため。

3 彼らが食べたいものを捕まえるため。

4 他の動物が掘った穴に落ちないようにするため。

（C）

ワシと大きな猫は

1 毛がまずいのでナマケモノを食べない。

2 肉を見つけられない場合は植物を食べる。

3 動物の動きを探して狩る。

4 ナマケモノが生息するジャングルから離れる。

（D）

ナマケモノが長いかぎ爪を使うのは

1 木に生長する果物を切って開くためだ。

2 木の中に住む昆虫を取るためだ。

3 木から木へと飛び移るためだ。

4 枝にしがみつくのに役立てるためだ。

Key

代名詞・指示語を意識する

読解問題では、代名詞の指すものを他の文と照らし合わせて特定して答えを出す設問が多いです。代名詞の指すものを正確につかみましょう。

vocabulary

- □ **sloth**「ナマケモノ」
- □ **unlike**「～とは違って」
- □ **lazy**「怠惰な」
- □ **distance**「距離」
- □ **centimeter**「センチメートル」
- □ **awake**「起きている」
- □ **protect**「～を保護する」
- □ **eagle**「ワシ」
- □ **completely**「完全に」
- □ **claw**「かぎ爪」
- □ **defend**「～を守る」
- □ **by *one*self**「ひとりで」
- □ **avoid**「～を避ける」
- □ **insect**「昆虫」

- □ **branch**「枝」
- □ **up to ～**「～まで」
- □ **survive**「生き延びる」
- □ **leaf**「葉っぱ」
- □ **contain**「～を含む」
- □ **surprisingly**「驚くべきことに」
- □ **eater**「食べる人、食べるもの」
- □ **search for**「～を探す」
- □ **tiny**「小さい」
- □ **hang on to ～**「～にしがみつく」
- □ **once a week**「週に1回」
- □ **reduce**「～を減らす」
- □ **look for ～**「～を探す」

目標解答時間 各15分

ここからはいよいよこの本全体で最後のトレーニング問題です。与えられた(1)～(3)の文章を読んで、設問に答えましょう。
ポイント解説でも述べましたが、1段落ごとに設問に答えることに注意しましょう。

■(1)

While You Wait

Many airports are busy places. Travelers hurry through them to reach their airplanes or pick up their suitcases. The staff are busy and must handle many problems every day. Most art museums, on the other hand, are calm, quiet places. Visitors walk around slowly, looking at the artwork. The staff do not move much at all. Airports and art museums are very different types of places. So, it might be surprising to discover that more art museums are opening in airports.

One example is Schiphol Airport in the Netherlands. Many travelers change airplanes at Schiphol Airport. As a result, they spend time there. The Netherlands is famous for art and art museums, and in 2002, the most famous art museum in the country opened a "mini-museum" in Schiphol Airport. Travelers can enjoy art by some of the most famous artists in the world while they wait for their next airplane.

Other airports are starting to display more art, too. At Heathrow Airport in London, the T5 Gallery shows artwork by young, local artists. Travelers can even buy the artwork if they really like it. Terminal 2 at Mumbai Airport was built to be both an airport and an art museum. The building contains over 5,000 pieces of art from all over India, including both traditional and modern pieces.

Some people do not think that art in airports is a good idea. They say that travelers are too busy to enjoy art. However, more people go to airports than art museums every year. As a result, more people have the chance to see art at airports. Travelers can learn not only about art, but also about the cultures of the countries they visit. Also, art can help people to relax — even if they do not look at it closely — and this helps to make airports more enjoyable places.

(A) What has been happening at airports recently?

    1 They have been showing posters of famous museums.

    2 More and more travelers have been arriving late.

    3 The staff have been helping to carry people's bags.

    4 Places showing art have been opening inside them.

(B) Travelers at Schiphol Airport

    1 have been able to get free tickets to museums since 2002.

    2 take a long time to change from one airplane to another.

    3 often meet famous artists while they wait for their airplanes.

    4 can see art from the most famous collection in the Netherlands.

(C) What is special about Terminal 2 at Mumbai Airport?

    1 It displays work by artists from all over the world.

    2 It allows travelers to buy artwork by young artists.

    3 It was designed for both travelers and art lovers.

    4 It lends over 5,000 pieces of art to other airports.

(D) Why do some people think that art in airports is not a good idea?

    1 Because fewer people are visiting art museums every year.

    2 Because travelers want to relax when they are at airports.

    3 Because airport users do not have time to look at it.

    4 Because it does not help people learn about other cultures.

（2021年度第 1 回（4B））

(1)　**日本語訳**　　　　　　　　　　待ちながら

　　　　多くの空港は忙しい場所です。旅行者たちは飛行機に乗るか、スーツケースを受け取るために空港を急いで移動します。スタッフは忙しく、毎日多くの問題を処理しなければなりません。一方、ほとんどの美術館は静かで穏やかな場所です。訪問者はゆっくりと歩き回り、美術作品を鑑賞します。スタッフはほとんど動きません。空港と美術館は非常に異なる種類の場所です。したがって、空港に開設される美術館が増えていることは驚きかもしれません。

　　　　その一例が、オランダのスキポール空港です。多くの旅行者がスキポール空港で飛行機を乗り継ぎます。その結果、そこで時間を過ごします。オランダは美術と美術館で有名で、2002年には国内で最も有名な美術館がスキポール空港に「ミニ美術館」を開設しました。旅行者は次の飛行機を待ちながら、世界で最も有名な芸術家たちの作品を楽しむことができます。

　　　　他の空港もますます多くの美術作品を展示し始めています。ロンドンのヒースロー空港では、T5ギャラリーが若い地元のアーティストによる美術作品を展示しています。旅行者は、本当に気に入ればその美術作品を購入することさえできます。ムンバイ空港のターミナル2は、空港と美術館の両方として建設されました。その建物には、伝統的なものから現代のものまで、インド全土から集められた5,000以上の美術作品が収められています。

　　　　一部の人々は、空港に美術作品が展示されることは良いアイディアではないと考えています。旅行者は忙しすぎて美術を楽しむことはできないと言います。しかし、毎年、美術館よりも空港に行く人の方が多いです。その結果、より多くの人々が空港で美術を見る機会を持ちます。旅行者は美術についてだけでなく、訪れる国々の文化についても学ぶことができます。また、美術は人々がそれをじっくり見なくてもリラックスするのに役立ち、これにより空港がより楽しい場所になります。

(1)–A

解答 4

設問と選択肢の訳
　　最近空港で起きていることは何ですか。
　　1 それらは有名な美術館のポスターを展示している。
　　2 ますます多くの旅行者が遅れて到着している。
　　3 スタッフは人々のかばんを運ぶのを手伝っている。
　　4 美術作品を展示している場所がそれらの中で開業している。

解説　第1段落最終文にit might be surprising to discover that more art museums are opening in airports「空港に開設される美術館が増えていることは驚きかもしれない」とあり、美術館が空港にオープンし始めていることがわかります。よって、**4** Places showing art have been opening inside them.「美術作品を展示している場所がそれらの中で開業している」が正解です。**1**は有名な美術館のポスターの話はないので不正解です。**2**は旅行客が遅れているという話はないので不正解です。**3**はスタッフがかばんを運んでいるわけではないので不正解です。

(1)–B

解答 4

設問と選択肢の訳
　　スキポール空港にいる旅行客は
　　1 2002年以来、美術館の無料チケットを入手できている。
　　2 別の飛行機に乗り換えるのに長い時間がかかる。
　　3 飛行機を待つ間によく有名な芸術家に会う。
　　4 オランダで最も有名なコレクションから美術作品を見ることができる。

解説　第2段落最終文にTravelers can enjoy art by some of the most famous artists in the world「旅行者は世界で最も有名な芸術家たちの作品を楽しむことができる」とあり、スキポール空港では有名な作品を楽しめるので、正解は**4**can see art from the most famous collection in the Netherlands.「オランダで最も有名なコレクションから美術作品を見ることができる」です。**1**は無料のチケットに関することは述べられていないので不正解です。**2**は乗り換え時に長

□ **hurry**「急ぐ」
□ **handle**「～を扱う」
□ **on the other hand**「一方で」
□ **artwork**「芸術作品」
□ **discover**「～を発見する、見つける」
□ **example**「例」
□ **display**「～を展示する」
□ **both A and B**「AとB両方」
□ **including**「～を含んだ」
□ **traditional**「伝統的な」
□ **modern**「現代的な」
□ **not only A but also B**「AだけでなくBも」
□ **culture**「文化」
□ **help A to do**「Aが～するのを助ける」
□ **closely**「注意深く」
□ **enjoyable**「楽しい」
□ **happen**「起こる」
□ **recently**「最近」
□ **collection**「集めたもの」

時間かかるかどうかはわからないので不正解です。**3**は有名な芸術家と会えるとは述べられていないので不正解です。

(1)–C

解答 3

設問と選択肢の訳

ムンバイ空港のターミナル2について特別なことは何ですか。

1 それは世界中の芸術家による作品を展示している。
2 それは旅行者が若い芸術家の美術作品を購入することを可能にしている。
3 それは旅行者と芸術愛好家の両方を対象に設計された。
4 それは他の空港に5,000以上の芸術作品を貸し出している。

解説 第3段落4文目にTerminal 2 at Mumbai Airport was built to be both an airport and an art museum.「ムンバイ空港のターミナル2は、空港と美術館の両方として建設された」とあり、空港と美術館という目的で建てられていることがわかるので、正解は**3** It was designed for both travelers and art lovers.「それは旅行者と芸術愛好家の両方を対象に設計された」です。**1**は世界中ではなくインドからなので不正解です。**2**はロンドンのヒースロー空港の話なので不正解です。**4**は5,000の作品を収蔵していて、貸し出しているわけではないので不正解です。

(1)–D

解答 3

設問と選択肢の訳

なぜ、空港での芸術は良い考えではないと思う人がいるのですか。

1 毎年美術館を訪れる人が少なくなっているため。
2 空港にいるとき、旅行者はリラックスしたいと思うため。
3 空港利用者はそれを見る時間がないため。
4 他の文化について学ぶのに役立たないため。

解説 第4段落2文目にThey say that travelers are too busy to enjoy art.「旅行者は忙しすぎて美術を楽しむことはできないと言う」とあり、Theyは空港に美術館を設置することを反対している人を指します。彼らは忙しくて芸術どころではないという意見を述べているので、正解は**3** Because airport users do not have time to look at it.「空港利用者はそれを見る時間がないため」になります。**1**は毎年美術館に行く人が少なくなっていることは述べられていないので不正解です。**2**は空港でリラックスしたいという記述はないので不正解です。**4**は他の文化を学ぶのに役立つと述べられているので不正解です。

Theme 16

あと2問です。解答時間を意識して取り組みましょう。

■ (2)

The Mystery of the Crannogs

In some lakes in Scotland and Ireland, there are small man-made islands. These are called crannogs, and they were built long ago with large rocks that were carried into the lakes. Building the crannogs was probably a lot of hard work because some of the rocks weigh 250 kilograms. What is more, the crannogs are between 10 and 30 meters wide and connected to the land by a bridge made of rocks. Although there are over a thousand of them, no one knows the reason why they were made.

Experts used to think that the crannogs were built about 3,000 years ago. However, a recent discovery shows that some of the crannogs are much older. A diver found some broken pots in the water around the crannogs in a lake on the island of Lewis. Scientists discovered that the pots were over 5,000 years old. This led to further research and the discovery of similar items in other lakes with crannogs.

The pots were in good condition, and it was clear to researchers that they had not been used much before they were dropped in the lakes. The researchers believe that the pots were probably used for special ceremonies on the crannogs. It is not clear what the purpose of the ceremonies was, though, because there are no written records from the time when they were held.

Two thousand years after the oldest crannogs were built, people began living on them. This is shown by old pieces of wood from their houses that have been found on the crannogs. When these people built their houses, they probably damaged the crannogs. This made it difficult to find out why the crannogs were built. Researchers are continuing to look for things to solve the mystery of the crannogs, but it may take many years for them to do so.

(A) Crannogs are
   1 man-made lakes in Scotland and Ireland.
   2 islands made by people a long time ago.
   3 walls built with large rocks.
   4 bridges that were built across lakes.

(B) The discovery of some broken pots has
   1 allowed people to find out how the crannogs were built.
   2 proved that there are more crannogs than scientists thought.
   3 changed experts' ideas about how old some crannogs are.
   4 shown that it may be too dangerous to dive in these lakes.

(C) What do researchers think that the pots that they found were used for?
   1 For decorating people's homes.
   2 For important events.
   3 To keep written records.
   4 To catch fish in the lakes.

(D) Why is it difficult to know the reason that the crannogs were made?
   1 Researchers think they lost some things that they found on them.
   2 People may have damaged them when they built their homes.
   3 Old pieces of wood might have been removed from them.
   4 The people who made them probably moved away long ago.

(2021年度第3回 (4B))

(2)　日本語訳　　　　　　　　　　　　　　　クラノグの謎

　　　スコットランドとアイルランドの一部の湖には小さな人工の島があります。これらはクラノグと呼ばれ、はるか昔に大きな岩石を湖に運んで建てられました。クラノグを建設するのはおそらく非常に大変な作業だったでしょう。なぜなら一部の岩石は250キログラムの重さがあるからです。さらに、クラノグは幅が10から30メートルで、岩石でできた橋で陸地とつながっています。1,000以上のクラノグが存在しますが、なぜこれらが建てられたのかは誰にもわかりません。

　　　専門家は以前、クラノグが約3,000年前に建設されたと考えていました。しかし、最近の発見により、一部のクラノグはそれよりもはるかに古いことが示されました。ルイス島の湖にあるクラノグ周辺の水中で、潜水士が壊れた壺を見つけました。科学者たちはこれらの壺が5,000年以上前のものであることを発見しました。これがさらなる研究につながり、他のクラノグがある湖でも同様の物が発見されました。

　　　壺は良好な状態であり、研究者にはそれらが湖に落ちる前にあまり使用されていなかったことが明らかでした。研究者はこれらの壺がおそらくクラノグで特別な儀式に使用された可能性があると考えています。ただし、儀式の目的は明確ではありません。なぜなら、それが行われた時代の書かれた記録がないからです。

　　　最も古いクラノグが建設されてから2,000年後、人々はそれらに住み始めました。これはクラノグで見つかった彼らの家からの古い木片によって示されています。これらの人々が家を建てた際、おそらくクラノグを傷つけました。そのため、クラノグがなぜ建てられたのかを解明するのは難しい状況になりました。研究者はクラノグの謎を解くための手がかりを探し続けていますが、それには多くの年月がかかるかもしれません。

(2)-A

解答 2

設問と選択肢の訳

クラノグは
1 スコットランドとアイルランドの人工の湖である。
2 はるか昔に人々によって作られた島である。
3 大きな岩で作られた壁である。
4 湖に架けられた橋である。

解説 第1段落1、2文目に there are small man-made islands. These are called crannogs, and they were built long ago with large rocks「小さな人工の島がある。これらはクラノグと呼ばれ、はるか昔に大きな岩石で建てられた」とあり、クラノグは人によってはるか昔に、大きな石で作られた島であることがわかります。よって、これを言い換えている、**2 islands made by people a long time ago.**「はるか昔に人々によって作られた島」が正解です。1 はクラノグは湖でないので不正解です。3 はクラノグは壁ではないので不正解です。4 はクラノグは橋ではないので不正解です。

(2)-B

解答 3

設問と選択肢の訳

いくつかの壊れた壺の発見は
1 クラノグがどのように建設されたかを人々が知ることを可能にした。
2 科学者が考えていたよりもクラノグが多いことを証明した。
3 一部のクラノグがどれほど古いかについての専門家の考えを変えた。
4 危険すぎてこれらの湖で潜ることはできないかもしれないことを示した。

解説 第2段落1文目に Experts used to think that the crannogs were built about 3,000 years ago.「専門家は以前、クラノグが約3,000年前に建設されたと考えていた」、同段落3、4文目に A diver found some broken pots in the water around the crannogs in a lake on the island of Lewis. Scientists discovered that the pots were over 5,000 years old.「ルイス島の湖にあるクラノグ周辺の水中で、潜水士が壊れた壺を見つけた。科学者たちはこれらの壺が5,000年以上前のものであることを発見した」とあり、以前は、クラノグが建設されたのは3,000年前と思われていたが、壊れた壺の発見によって5,000年以上前だっ

□ **mystery**「秘密」
□ **man-made**「人によって作られた」
□ **probably**「たぶん」
□ **weigh**「～の重さがある」
□ **bridge**「橋」
□ **expert**「専門家」
□ **discovery**「発見」
□ **diver**「潜水士」
□ **similar**「似ている」
□ **condition**「状況」
□ **researcher**「研究者」
□ **purpose**「目的」
□ **record**「記録」
□ **continue**「～を続ける」
□ **prove**「～を証明する」
□ **decorate**「～を装飾する」
□ **remove**「～を取り除く」

Theme
16

たことがわかったと述べられています。よって、科学者の見解が変わったので、正解は **3** changed experts' ideas about how old some crannogs are.「一部のクラノグがどれほど古いかについての専門家の考えを変えた」です。**1** はどのようにクラノグが作られたかはすでに発見されているので不正解です。**2** はクラノグの数の比較は行われていないので不正解です。**4** は湖で潜るのが危険かどうかは述べられていないので不正解です。

(2)–C

解答 2

設問と選択肢の訳

彼らが見つけた壺は何のために使用されていたと科学者は考えていますか。
1 人々の家を飾るため。
2 重要な行事のため。
3 書かれた記録を取っておくため。
4 湖で魚を捕まえるため。

解説 第3段落2文目に The researchers believe that the pots were probably used for special ceremonies on the crannogs.「研究者はこれらの壺がおそらくクラノグで特別な儀式に使用された可能性があると考えている」とあり、壺はクラノグにおける特別な式典で使用されていたので、正解は **2** For important events.「重要な行事のため」です。**1** は家を装飾する話は述べられていないので不正解です。**3** は記録を取っておくとは書かれておらず、式典を開いた理由の記録がないと述べられているだけなので不正解です。**4** は湖で魚を捕まえる話はないので不正解です。

(2)–D

解答 2

設問と選択肢の訳

クラノグが作られた理由を知ることが難しいのはなぜですか。
1 研究者は、それらの上で見つけたいくつかのものを失ったと考えている。
2 人々は家を建てる際、それらを損傷させたかもしれない。
3 古い木片がそれらから取り除かれているかもしれない。
4 それらを作った人々はおそらくずっと前に移動した。

解説 第4段落4文目に This made it difficult to find out why the crannogs were built.「そのため、クラノグがなぜ建てられたのかを解明するのは難しい状況になった」とあり、「This」が理由を見つけるのを難しくしていることがわかるので、This の内容を明らかにすれば良いです。This は前文を受けることが多いので、3文目の When these people built their houses, they probably damaged the crannogs.「これらの人々が家を建てた際、おそらくクラノグを傷つけた」に注目します。そうすると、家を建てているときにクラノグにダメージを与えていたことがわかるので、言い換えている **2** People may have damaged them when they built their homes.「人々は家を建てる際、それらを損傷させたかもしれない」が正解です。**1** は見つけたものをなくしたという記述はないので不正解です。**3** はクラノグから木材の一部が取られていることは述べられていないので不正解です。**4** はクラノグを作った人が引っ越したという記述はないので不正解です。

3

Spicy Soda

Ginger ale is a spicy soft drink. It was invented in Ireland in the 1850s. However, the type that is most popular today was created by a man called John McLaughlin who lived in Toronto, Canada. After he graduated from college in Canada, he went to study in New York City. While studying, he worked part-time at a drugstore. He noticed that many people were buying soda water from the store and mixing it with different fruit flavors.

McLaughlin returned to Toronto in 1890 and started a soda water company. It became very successful. One reason was that his advertisements said the water provided by the city was dangerous and caused diseases. He recommended that people drink his fruit-flavored soda water instead. He also made machines called soda fountains. People could use them to buy McLaughlin's drinks. The machines became popular with shoppers in busy department stores, especially on hot summer days.

McLaughlin had poor health, and he had to stop being the manager of his company. However, he continued inventing new drinks. He knew about ginger ale from Ireland, but many of his customers did not like its sweet flavor. McLaughlin spent three years trying to create the perfect kind of ginger ale. Finally, by 1904, he had created a lighter, spicier drink. McLaughlin's wife liked it so much that she said it was "the champagne of ginger ales."

McLaughlin's "Canada Dry Pale Ginger Ale" was a success. As well as being delicious on its own, it could also be mixed with other drinks. Some people like to drink it rather than beer or other alcoholic drinks. Moreover, the ginger can help people with stomachaches or sore throats. It has been over 100 years since Canada Dry Pale Ginger Ale was invented. In that time, its popularity has spread from Canada, through the United States, and around the world.

(A) What did John McLaughlin notice while he was in New York City?
    1 People from Ireland liked to drink ginger ale.
    2 It was easier to find work there than in Canada.
    3 Adding different flavors to soda water was popular.
    4 Drugstores there sold more things than drugstores in Toronto.

(B) What is one reason that people bought McLaughlin's drinks?
    1 They heard that soda water could sometimes cause diseases.
    2 There was an unusually hot summer in the year 1890.
    3 McLaughlin told them that the water in Toronto was not safe.
    4 McLaughlin sold his drinks outside busy department stores.

(C) What was one result of McLaughlin's poor health?
    1 He quit his job as manager.
    2 He went on a trip to Ireland.
    3 He started eating more ginger.
    4 He stopped drinking champagne.

(D) Some people like to drink "Canada Dry Pale Ginger Ale"
    1 because other drinks give them stomachaches.
    2 instead of drinks such as beer or wine.
    3 when they go traveling in other countries.
    4 to stay awake when they have to work or study.

(2022年度第2回 (4B))

Theme **16**

(3)　日本語訳　　　　　　　　　　　　スパイシー・ソーダ

vocabulary

　　　ジンジャーエールはスパイシーなソフトドリンクです。それは1850年代にアイルランドで発明されました。しかし、今日最も人気のある種類はカナダのトロントに住んでいたジョン・マクラフリンという男性によって作られました。カナダで大学を卒業したあと、彼はニューヨーク市で学んでいました。学業の傍ら、彼はドラッグストアでアルバイトをしていました。彼は多くの人々が店からソーダ水を購入し、さまざまなフルーツの風味と混ぜているのに気がつきました。

　　　マクラフリンは1890年にトロントに戻り、ソーダ水会社を設立しました。それは非常に成功しました。その一因は、市が提供する水が危険で病気を引き起こすと彼の広告で言っていたことです。彼は人々に自身のフルーツ風味のソーダ水を代わりに飲むことを勧めました。彼はまた、ソーダファウンテンと呼ばれる機械を作りました。人々はそれらを使用してマクラフリンの飲み物を購入することができました。それらの機械は、特に暑い夏の日に賑やかなデパートで買い物をする人々に人気になりました。

　　　マクラフリンは健康状態が悪く、会社の経営者を辞めなければなりませんでした。しかし、彼は新しい飲み物を発明し続けました。彼はアイルランドのジンジャーエールを知っていましたが、多くの顧客はその甘い味が好きではありませんでした。マクラフリンは完璧な種類のジンジャーエールを作り出すために3年間を費やしました。最終的に、1904年までに彼はより軽く、よりスパイシーな飲み物を作り出しました。マクラフリンの妻はそれを非常に気に入り、「ジンジャーエールのシャンパン」と言いました。

　　　マクラフリンの「カナダドライペールジンジャーエール」は成功を収めました。それは単体でおいしいだけでなく、他の飲み物と混ぜることもできます。一部の人々は、ビールや他のアルコール飲料よりむしろそれを飲むのが好きです。さらに、ショウガは腹痛や喉の痛みを抱える人々を助けることができます。カナダドライペールジンジャーエールが発明されてから100年以上が経過しています。その間、その人気はカナダからアメリカ合衆国を経て世界中に広がりました。

(3)–A

解答　3

設問と選択肢の訳
　　　ジョン・マクラフリンはニューヨーク市にいるときに何に気がつきましたか。
　　　1 アイルランドの人々はジンジャーエールを飲むのが好きだった。
　　　2 そこで仕事を見つける方がカナダよりも簡単だった。
　　　3 ソーダ水にさまざまなフレーバーを加えることが人気だった。
　　　4 そこの薬局はトロントの薬局よりも多くの商品を販売した。

解説　第1段落3文目にNew York Cityが出てくるのでそれ以降を見ていきます。最終文にHe noticed that many people were buying soda water from the store and mixing it with different fruit flavors.「彼は多くの人々が店からソーダ水を購入し、さまざまなフルーツの風味と混ぜているのに気づいた」とあるので、3 Adding different flavors to soda water was popular.「ソーダ水にさまざまなフレーバーを加えることが人気だった」が正解です。1はアイルランドの人がジンジャーエールが好きかどうかは述べられていないので不正解です。2は仕事の見つけやすさに関する言及はないので不正解です。4はトロントとニューヨーク市の薬局の比較は行われていないので不正解です。

(3)–B

解答　3

設問と選択肢の訳
　　　人々がマクラフリンの飲み物を買った理由の1つは何ですか。
　　　1 彼らはソーダ水が時々病気を引き起こす可能性があると聞いた。
　　　2 1890年の夏は異常に暑かった。
　　　3 マクラフリンはトロントの水が安全ではないと彼らに伝えた。
　　　4 マクラフリンは彼の飲み物を賑やかなデパートの外で売った。

□ spicy「スパイシーな」

□ invent「～を発明する」

□ graduate「卒業する」

□ mix「～を混ぜる」

□ flavor「風味」

□ return「戻る」

□ successful「成功した」

□ advertisement「広告」

□ provide「～を供給する」

□ disease「病気」

□ recommend「～を推薦する」

□ instead「代わりに」

□ shopper「買い物をする人」

□ customer「顧客」

□ success「成功」

□ as well as ～「～だけでなく」

□ rather than ～「～ではなく」

□ stomachache「腹痛」

□ sore「痛む」

□ throat「喉」

□ spread「広まる」

□ add「～を加える」

□ unusually「異常なほど」

□ quit「～を辞める」

解説 第2段落3文目にOne reason was that his advertisements said the water provided by the city was dangerous and caused diseases.「その一因は、市が提供する水が危険で病気を引き起こすと彼の広告で言っていたことだ」とあり、売れた原因はトロントの水が危険で病気を引き起こす可能性があると広告で言ったからなので、正解は **3** McLaughlin told them that the water in Toronto was not safe.「マクラフリンはトロントの水が安全ではないと彼らに伝えた」です。dangerous = not safeと言い換えています。**1** はソーダ水ではなく、水が病気を引き起こすと言っていたので不正解です。**2** は1890年の夏が異常に暑いとは述べられていないので不正解です。**4** はデパートの外で売っているということは述べられていないので不正解です。

(3)−C

解答 **1**

設問と選択肢の訳
マクラフリンの健康状態が悪いことによって起きた結果の1つは何ですか。
1 彼は経営者の仕事を辞めた。
2 彼はアイルランドへの旅行に出かけた。
3 彼はもっとショウガを食べ始めた。
4 彼はシャンパンを飲むのをやめた。

解説 第3段落1文目にMcLaughlin had poor health, and he had to stop being the manager of his company.「マクラフリンは健康状態が悪く、会社の経営者を辞めなければならなかった」とあり、健康状態が悪く、会社の経営者を辞めたことがわかるので、正解は **1** He quit his job as manager.「彼は経営者の仕事を辞めた」です。**2** はアイルランドへの旅に関することは述べられていないので不正解です。**3** はショウガをもっと食べることに関しては述べられていないので不正解です。**4** はもともとシャンパンを飲んでいるとは述べられていないので不正解です。

(3)−D

解答 **2**

設問と選択肢の訳
一部の人々がカナダドライペールジンジャーエールを飲むのを好むのは
1 他の飲み物が彼らに腹痛を引き起こすからだ。
2 ビールやワインなどの飲み物の代わりとしてだ。
3 他の国を旅行する際だ。
4 仕事や勉強をしなければならないときに眠らずにいるためだ。

解説 第4段落3文目にSome people like to drink it rather than beer or other alcoholic drinks.「一部の人々は、ビールや他のアルコール飲料よりむしろそれを飲むのが好きだ」とあり、ビールやアルコールよりもitが指すカナダドライペールジンジャーエールを好んでいることがわかります。よって、正解は **2** instead of drinks such as beer or wine.「ビールやワインなどの飲み物の代わりに」です。rather than = instead ofと言い換えられています。**1** は他の飲み物が腹痛を引き起こすとは述べられていないので不正解です。**3** は他国を旅しているときの話は述べられていないので不正解です。**4** は目を覚ます効果に関しては述べられていないので不正解です。

Theme
16

ここまでお疲れ様でした。本番でも実力を発揮できるよう、間違えた問題をもう一度復習しておきましょう。

memo

memo

memo

memo

memo

執筆協力

奥野　信太郎 (おくの　しんたろう)

群馬県高崎市にある「英語専門塾セプト」塾長。地元、福井県の全日制高校と定時制高校でさまざまな生徒に英語を教えてきた。英検1級。著書は『Reading Flash』シリーズ、『英文速読マスター　標準編・発展編』(桐原書店)、『イチから鍛える英文法』シリーズ、『キリトリ式でペラっとスタディ！ 中学英語の総復習ドリル』(以上、Gakken) など多数。英語の音読学習アプリ「音読メーター」の開発にも携わる。大学在学中、南アフリカに長期滞在し、アフリカの大自然の中でキャンプを楽しんでいたという異色の経歴を持つ。

角脇　雄大 (かどわき　ゆうだい)

英語専門塾セプト講師。英検1級。生徒に英語を学ぶ面白さを伝えることによって学習を加速させ、「英語学習のエンジンを積ませる」ことをモットーに授業を行う。「音読メーター」および「英語問題作成所」の活動にも携わる。著書に『英文速読マスター 標準編・発展編』(桐原書店) がある。

増田　広樹 (ますだ　ひろき)

武田塾豊洲校校舎長兼エリアマネージャー。IELTS・英検コーチ。東京学芸大学教育学部英語科卒業。公立高校で4年間、中高一貫の私立校で6年間英語科教員として勤務。英検1級、IELTS OA7.5、英単語検定1級、TOEIC965点、TOEIC S / W350点。
X：@HirolearnIELTS

本文デザイン：株式会社ワーク・ワンダース
本文イラスト：德永明子
音声収録：英語教育協議会 (ELEC)
音声出演：Howard Colefield、Jennifer Okano

武藤　一也（むとう　かずや）
東進ハイスクール・東進衛星予備校講師。「音読メーター®」開発者。
Cambridge CELTA Pass Grade A（全世界の合格者の上位約5％）。英
検1級。TOEIC990点満点。TOEIC S／W各200点満点。
著書に『イチから鍛える英語長文』シリーズ、やり直し英語の『キリト
リ式でペラっとスタディ！　中学英語の総復習ドリル（ペラスタ）』（以
上、Gakken）、『【共通テスト】英語〔リスニング〕ドリル』（ナガセ）、
『英文速読マスター』シリーズ（桐原書店）など多数。
Cambridge CELTAを日本式にアレンジした授業は、多くの英語学習者
に支持され、企業研修・学校での講演も多数。これまでの常識にとらわ
れない次世代の英語講師。
公式サイト：https://mutokazu.com/
音読メーター：https://ondokumeter.jp/

森田　鉄也（もりた　てつや）
武田塾English Director。武田塾豊洲校、高田馬場校、国立校、鷺沼校
オーナー。慶應義塾大学文学部英米文学専攻卒業、東京大学大学院人文
社会系研究科言語学修士課程修了。アメリカ留学中に英語教授法TEFL
を取得。CELTA取得。TOEIC990点満点（90回以上）、TOEIC S／W各
200点満点、英検1級、TOEFL660点、TEAP満点、GTEC CBT満点、
ケンブリッジ英検CPE取得、日本語教育能力検定試験合格等の実績を誇
る。
主な著書に『TOEIC TEST 単語特急 新形式対策』『TOEIC L&R TEST
パート1・2特急 難化対策ドリル』（以上、朝日新聞出版）などがある。
また、共著に『TOEIC TEST 模試特急 新形式対策』（朝日新聞出版）、
『ミニ模試トリプル10 TOEIC® L&Rテスト』（スリーエーネットワーク）、
『イチから鍛える英語リスニング 必修編』『イチから鍛える英語リスニ
ング 入門編』（以上、Gakken）など多数ある。
X：@morite2toeic
YouTube：Morite2 English Channel
　　　　　　（https://www.youtube.com/Morite2channel）

改訂版　直前1カ月で受かる　英検準2級のワークブック

2024年2月16日　初版発行

著者／武藤 一也・森田 鉄也

発行者／山下 直久

発行／株式会社KADOKAWA
〒102-8177　東京都千代田区富士見2-13-3
電話　0570-002-301（ナビダイヤル）

印刷所／株式会社加藤文明社印刷所

製本所／株式会社加藤文明社印刷所

©Kazuya Muto & Tetsuya Morita 2024　Printed in Japan
ISBN 978-4-04-606517-9　C0082